中华先贤人物故事汇

张衡

董晨 著

中华书局

图书在版编目（CIP）数据

张衡/董晨著. —北京：中华书局，2022.8
（中华先贤人物故事汇）
ISBN 978-7-101-15721-5

Ⅰ.张… Ⅱ.董… Ⅲ.张衡(78~139)–生平事迹
Ⅳ.K826.14

中国版本图书馆 CIP 数据核字（2022）第 074755 号

书　　名	张　衡	
著　　者	董　晨	
丛 书 名	中华先贤人物故事汇	
责任编辑	朱　玲　董邦冠	
责任印制	陈丽娜	
出版发行	中华书局	
	（北京市丰台区太平桥西里 38 号　100073）	
	http://www.zhbc.com.cn	
	E-mail:zhbc@zhbc.com.cn	
印　　刷	三河市宏达印刷有限公司	
版　　次	2022 年 8 月第 1 版	
	2022 年 8 月第 1 次印刷	
规　　格	开本/787×1092 毫米　1/32	
	印张4¼　插页2　字数50千字	
印　　数	1–3000 册	
国际书号	ISBN 978-7-101-15721-5	
定　　价	22.00 元	

出版说明

　　孔子周游列国，创立儒家学说；张骞出使西域，开辟丝绸之路；书圣王羲之，留下了曲水流觞的佳话；诗仙李白，写下了"举头望明月，低头思故乡"的名篇；王安石为纠正时弊，推行变法；李时珍广集博采，躬亲实践，编撰医药学名著《本草纲目》……

　　这些杰出的历史人物，有的是在中华民族文明进程中做出过突出贡献、对后世产生过巨大影响的思想家、政治家，有的是对中华优秀传统文化的传承传播发挥过重大作用的文学家、艺术家、科学家，有的是为国家安定统一、民族融合团结和中外文化交流做出过杰出贡献的军事家、外交家……他们为中华民族的繁荣发展做出了伟大的贡献，他们的行为事迹、风范品格为当世楷模，并垂范后世。

他们是中华民族的先贤人物。他们的思想、品德、事迹，是中华优秀传统文化的结晶；他们的故事，是对中华民族的禀赋、特点和气质最生动、最鲜活的阐释；他们的名字，在五千年中华文明史上最为光彩夺目；他们为五千年中华文明史书写了最为光辉灿烂的篇章。

为了解先贤，走近先贤，我们精心组织编写了这套《中华先贤人物故事汇》丛书，以翔实可靠的史料为依据，细腻动人的故事为载体，真实地呈现中华先贤人物的事迹、品格和精神风貌，彰显他们的贡献和功绩，激发人们对国家民族的热爱，对中华文明、中华优秀传统文化的崇敬。

开卷有益，期待这套丛书成为你的良师益友。

目 录

导 读

　　张衡（78—139），字平子，南阳西鄂（今河南
南阳市石桥镇）人，是我国东汉时期杰出的科学
家、发明家、文学家。

　　张衡是百科全书式的科学家，他的研究涉及天
文学、数学、地理学等诸多领域。张衡的《灵宪》
全面地阐释了天地的生成、宇宙的结构、日月星辰
运行的规律等问题，是我国天文学发展史上里程碑
式的著作。他的《算罔论》改进了圆周率的计算方
法，所得到的圆周率值远较前人精确。他还绘制了
我国最早的地形图，对后世地图影响深远。作为科
学家的张衡，有着严谨而审慎的科学精神，在朝堂
上，他与东汉时期流行的谶纬迷信之说进行着持续

的斗争。

张衡是有着卓越创造力的发明家，他设计铸造的浑天仪、地动仪皆是我国科学技术史上不朽的成就。张衡设计的漏水转浑天仪，不但能显示黄道、赤道、南北极、日月五星、二十八宿的相对位置关系，还创造性地通过"瑞轮蓂荚"实现了机械日历的功能。他设计的候风地动仪可以探知地震发生的方向，这比起西方国家用仪器记录地震的历史早一千七百多年。张衡还设计制造了计里车等机械。张衡的发明为他赢得了"木圣"之誉，后人但凡谈起古时的奇妙机巧，总绕不开张衡的名字。

张衡还是一位杰出的文学家，在京都大赋、抒情小赋、言志赋等体裁内皆有名篇佳作。特别是他的《二京赋》，规模宏大、结构精密、文辞华美，可谓诸景毕现、蔚为大观。《二京赋》还包含着深刻的政治讽谏，有着对人民的体恤，堪称京都大赋"长篇之极轨"。

张衡一生，"数术穷天地，制作侔造化"，不论在知识领域的哪一方面，都有广博而精深的造诣，是我国历史中的传奇通才，为后人所景仰。

游历访三辅

汉代的三辅，指京兆、左冯翊和右扶风三地。京兆，即京师，指西汉的首都长安地区；冯翊，犹言辅翼；扶风，犹言辅助风化。冯翊和扶风分列京兆左右，环绕拱卫着京畿重地。三辅是西汉的政治统治中心，地理位置尤为显要。东汉虽然迁都洛阳，但三辅作为西周、秦、西汉三代首府所在之地，仍旧是汉朝的文化重镇，这里聚集了太多的历史古迹和名师硕儒，吸引着来自于广袤帝国各个郡县的文士儒生，单衣袱被，不辞辛苦，徒步万里，前来寻师求学，一睹故都风华。

东汉永元五年（93），东都洛阳，十五岁继位的汉和帝刘肇迎来了登基后的第六个年头，刚刚行过加冠礼的他从临朝称制的窦太后手中夺下了政权，开始亲理朝政，准备一展抱负、大施拳脚。大汉边境，在结束不久的一场边战中，长期侵扰边境的北匈奴势力被彻底驱逐出北疆，向遥远的欧洲流窜，强大的边患威胁被彻底消弭。西域各国在西域都护班超的苦心经营下，纷纷归降，重新向大汉帝国效忠纳贡。边疆底定，政通人和，中兴之后的大汉将要迎来他的高光时刻，欣欣向荣，一切充满希望。

这一年的夏天，顶着炎炎烈日，在长安城东北门宣平门外不远处，一个鼻梁高挑、眉骨突出而略显瘦削的负笈少年，正驻足在来往人流中，朝城门方向眺望，几缕些许凌乱的发丝紧紧地贴在脸颊两侧，汗水顺流而下。

少年来自长安东南的南阳郡西鄂县，他叫张衡，字平子。这是十六年来，张衡第一次离开故土。

张衡的家族是南阳郡的著姓，祖父张堪，字君游，十六岁受业长安，志美行厉，被誉为"圣童"。汉光武帝刘秀时，张堪曾先后任蜀郡太守、渔阳太守，当年追随大司马吴汉攻破公孙述拒守的成都时，面对府库中堆积如山的珠玉珍宝，张堪分毫不取，悉数上缴，堪称廉吏之楷模，受到吏民拥戴。虽贵为一郡之长，封疆大吏，去官回乡时，却乘折辕旧车，载破布背囊，两袖清风，一生清苦。

张堪去世后，留下孤儿寡母，生活清贫，在饥荒岁月中，甚至需要接受同郡富户的救济，才能勉强度日。张衡便是在这样艰苦的环境中出生长大。七八岁时，张衡进入私塾，跟塾师诵读《孝经》《论语》，学习长幼礼仪。那时起，他便表现出异于同龄人的聪慧，天资睿智，敏而好学，乡邻们都说在张衡身上仿佛看到了"圣童"张堪的影子，塾师尤其喜爱这个学生。

一日课间，孩子们在庭院中玩耍，塾师独自一人站在旁边的桑树下，吟诵辞赋，当读到"敦万骑于中营兮，方玉车之千乘"时，忽听得一个稚嫩的声音从背后传来："冒昧打扰先生，您刚刚所诵与平日教授不一样，学生此前未曾听闻，不知是出自哪部经书？"

塾师一听，知道是张衡的声音。他缓缓转过身来，望着张衡仰视的小脸蛋，捋了捋胡须，轻轻点了点头，微笑说道："张衡啊，我刚才诵读的不是经书，那是前汉扬雄的《甘泉赋》。"

"扬雄?《甘泉赋》?"张衡皱着眉头小声嘟囔着。

"扬雄啊，是前汉的蜀郡人——哦，你的祖父还曾做过那里的太守——他很擅长写辞赋，这篇《甘泉赋》就是他的传世之作。他是想通过描写甘泉宫祭祀，讽谏孝成皇帝的铺张浪费。"见张衡不解，塾师耐心解释道。

"先生，我想学，您……可以教我吗?"张衡试探着问道。此时的张衡还不大懂什么是辞赋，不大理解什么是讽谏，但出自塾师口中《甘泉赋》那华丽的辞藻，磅礴的气势，优美的韵律，一下子就把他吸引住了。

"好哇。下学后你留下，我们一起诵读。"

从此，张衡的生命似乎开启了另外一个世界——辞赋的世界。在这里，有天马行空的思绪，有华美瑰丽的文辞，有波澜壮阔的情感，这些都是在儒家的经典文字中不曾遇到的。从雄奇瑰丽的《离骚》，到壮丽典雅的《子虚赋》，再到铺张扬厉的《羽猎赋》，张衡如痴如醉地在辞赋文学的海洋中畅游，反复吟咏，晷刻不停，不知疲倦。

暑往冬来，时间如白驹过隙，八九个年头一晃而过。过人的才华，加之刻苦的攻读，张衡不仅熟读儒学经典，还练就了一手好文笔，成了西鄂县小有名气的辞赋诗人。

独学而无友，则孤陋而寡闻。张衡深知，孤居僻野，终究成不了大学问，他需要到更广阔的天地去开拓视野，去交友求师，切磋磨砺。于是在十六岁这年，就在祖父离乡求学的那个年纪，张衡也告别母亲，拜别启蒙塾师，辞别故乡亲友，背起装满简册书籍与衣物盘缠的书箱，追寻祖父的足迹，踏上漫漫游学路。三辅长安，那个祖父受业的故都，是张衡第一个目的地。

从南阳宛城到长安的路途并不遥远，平整的官道，路旁可以纳凉的树荫，令旅途还有一丝丝惬

张衡告别母亲，拜别启蒙塾师，辞别故乡亲友，背起装满简册书籍与衣物盘缠的书箱，追寻祖父的足迹，踏上漫漫游学路。

意。出武关，过灞上，沿着汉高祖入关的路线，张衡一边欣赏沿途景致，一边吟哦辞赋，每当灵感涌入时，便会急不可耐地在空地上铺开一卷竹简，信笔游龙，立成一文，好不快活。

半个月后，张衡的身影出现在了他魂牵梦绕的长安城外。眼前那由取自城南龙首山的泥土混合草秸夯筑而成的赤色城墙，虽在王莽末年的战火中饱经磨难，略显残破，但依然坚如磐石，气势恢弘。宽阔的宣城门三门洞开，右侧进城，左侧出城，人流熙攘，人声鼎沸。就是在这里，高祖刘邦摧破西楚霸王，鼎定天下，开创大汉基业。也就是在这里，祖父张堪在人才济济的太学完成了学业，以出色的才华赢得"圣童"称号。

张衡抑制住内心的激动，梳理了一下凌乱的发丝，一把擦去顺流而下的汗水，挺了挺压在书箱下略有弯曲的后背，顾不得走卒贩夫的吆喝声，大踏步向宣城门右侧的进城门道迈去。

渭水从崇山高原中奔流而下，滋养了丰饶的关中平原。志虑高远的秦孝公统治秦国时，命令传奇改革家商鞅在渭水北岸兴修了新都咸阳。一百余年后，秦始皇在这里发号施令，完成了国家的统一。秦汉易代，天下甫定，高祖刘邦派丞相萧何在渭水南岸营造长安，作为国家的都城。

汉武帝时，历经一百余年的修筑崇饰，长安城的雄美繁荣达到顶峰。除了汉初的长乐、未央、北宫三座宫殿外，汉武帝又增修了桂宫、明光宫与建章宫，根据《史记》记载，建章宫中筑有凤阙台，掘有泰液池，池中有蓬莱、瀛洲、方丈三岛，人间仙境，莫过于此。他更在城外开辟了广袤的上林禁苑，其中离宫别馆、珍禽异兽皆不可胜数。此时的长安城内有八街九陌，室居栉比，门巷修直。九州人物汇聚于此，八方珍奇陈列于市，市场热闹之处，人不能转身，车不能掉头，尘烟四起，高接云天，繁荣程度可想而知。

西汉末年，战火频仍，长安的宫室遭到了很大的破坏。东汉光武帝定都洛阳，长安城的繁盛不复往昔。但东汉的长安仍是国家的"西京"，人口兴旺，商业蓬勃，豪族名士云集此地，长安的居民也常常有一种独特的自豪感，每当提到西汉时鼎盛的长安时，他们总有讲不完的传说与故事。

　　来到长安的张衡迫不及待地打开书箱，取出了他早早誊抄好的《西都赋》。《西都赋》的作者是兰台令史班固，他不但以华美的辞赋闻名天下，更以编撰《汉书》震撼士林。一时间，从洛阳长安到国家边境，人们谈起当世的英杰才俊，谁又能不提一句班孟坚？在张衡来到长安的前一年，班固冤死牢狱，身在南阳的年轻人听到消息，失声痛哭，既哭哲人陨落，也哭自己失去了向这位当代通人问学的机会。时不我与，或许这也是催促张衡走上游学之路的缘由之一。

　　循着《西都赋》的辞章，张衡的足迹踏遍了长安城的宫室与街巷。昔日巍峨的宫殿沦为邱墟，围绕旧时宫墙，已经有些错杂的民居。张衡走入其中，青砖白岩间，依稀还能看到烈火焚烧的痕迹。他吟哦着班固笔下渲染西都长安壮美宫阙的句子，不禁出神。听过祖父讲述的往事，张衡早知道今日的长安已非昔年景象，但班孟坚的文字常常令他抱有一丝幻想："宫室总会有不少留存吧！"而眼前的荒芜惊醒了他的绮梦。

张衡的头脑中隐隐升起两个念头，第一个自然是"班孟坚是怎样写出《西都赋》的呢"？在张衡眼前，仿佛有一个伟岸的身影正翘首望向并不存在的宫殿，口中念念有词，眼光锐利，恍若能刺穿历史的烟尘。张衡向他走去，那身影却忽然消逝不见了。紧随而来的第二个念头，便是"长安城为什么会变成这样呢"？究竟是什么带来了王朝的兴衰？经学博士口中昭告吉凶祸福、治乱兴衰的神迹与天命，又究竟是什么呢？

带着困惑，张衡开始了在长安整整两年的游学，他寻访居住于三辅之地的名士宿儒，结交志趣相投的青年才俊，游历山川古迹，行走巷陌市坊。两年间，张衡增长了才学，开阔了眼界，稚气犹存的南阳少年也一天天老练持重了起来。然而，在这两年里，张衡却不曾写作过一篇辞赋，每当他兴之所至，提起笔来，《西都赋》的珠玑妙语总会涌入他的头脑。"珠玉在前，我又怎能与之比肩呢？"张衡无数次喃喃道，他忽然意识到，自己该离开了。

但在离开长安之前，张衡还要碰碰运气。

在长安西南方的周至城南，居住着一位贤人挚恂，他经术娴熟，学问淹博，又最喜欢结交青年才俊。两年来，张衡几次前往周至，都无缘与他谋面，此次临行，张衡再一次叩响了他的门扉。

挚恂对这位南阳青年格外欣赏，一日之间，两人从辞赋谈到经学，从风土人情谈到治乱兴衰。张衡也服膺于挚恂的见识才学，天色渐晚，他向挚恂抛出了困扰自己两年的问题。

"晚生有一事请教。昔日班孟坚作《西都赋》，但凭旧墟遗迹，只听故老传闻，然而笔下宫阙禁苑，却如在眼前。不知何以如此？"

挚恂听罢，哈哈大笑，"平子啊，你是恼恨自己写不出此等辞赋吧！"

"晚生不敢。"张衡慌忙否认。

"班孟坚才高，你我皆知。而他昔日所览，又与你在长安所见有何分别呢？当日屈原作《离骚》、贾生作《鵩鸟》，又何曾真的游行天界，与鵩鸟对谈呢？"

张衡点头称是，若有所思。挚恂于是问道：

"你在长安两年，可曾作赋？"

"不曾作。"

"可是畏惧于前贤？"

张衡默不作答。

"这便是你的不是了。"挚恂颜色稍峻，转瞬又和缓下来。"既然高山在侧，不如你先去探访一番河谷溪流吧。"

张衡俯首称谢，心中暗生惭愧。"晚生还有一事不明，还请先生先恕无礼。"

挚恂纳罕道："平子但说无妨。"

"晚生听说，昔日孝成皇帝、孝哀皇帝时，天下不宁，地震、洪水、干旱频发，人心惶惶。宵小之辈皆言天命有变，王莽据之窃国，一时干戈四起，长安宫阙化为灰土。幸有我世祖光武皇帝中兴汉室，国祚绵延，成今日太平。这治乱之间，先生以为，真有天命主宰吗？如果当年的种种灾祸是上天降下的警告，那这长安城遭到的灾祸，又该归咎于谁呢？"张衡忙不迭将心头的疑问和盘托出。

挚恂望着眼前这位神情热切的年轻人，有些不知所措。"天命""感应"的学说，是大汉三百年来最要紧的信仰之一，但这位年轻人似乎对"理所应当"的道理产生了动摇，这对他而言是福是祸呢？

"孔子曾说过，'邦大旱，毋乃失诸刑与德乎？'孝成、孝哀时候的事，大概是朝堂上的奸臣小人闭塞了君王的圣德吧。"挚恂给出了一个四平八稳的回答，"这长安城的灾祸，当然要算在巨贼王莽的头上。他违逆天命，假造上天的征兆，篡位称帝，才让上天降下了更为可怕的惩罚。巨贼身死名灭，可惜他做的祸事至今难以抚平罢了。"挚恂望向北面的城池，徐徐说道。他知道，张衡对这个答案可能并不满意。"然而这天地间的玄妙，又怎是我们能轻易看清的呢？这当中的事情，还要你自己去思考。"他为远方来的小客人，留下了一扇打开的门。

张衡真诚地谢过了挚恂的教导，他感到自己的心境清明了一些，却又仿佛有了更多的问题在他的心头搏动，但它们已经不是今日可以解决的了。

灞桥横跨灞水之上，它不仅是由东方进出长安的要道，桥下还是穷苦无依的难民遮蔽风雨的去处。王莽地皇三年（22），一群流人在灞桥下生火取暖，导致灞桥发生火灾，数千人水浇不灭。从此，木构灞桥消失，改建石构，王莽亲自命名为"长存桥"。依照汉人风俗，送客至此赠别，谓之销魂桥。

东汉永元七年（95），长安城东，灞桥边，春风习习，杨柳依依。张衡与在长安结识的友人作揖告别，转身向东，奔赴京师洛阳而去。

自长安东行，要经过骊山。骊山素以温泉著名，相传周幽王时便以树、竹环绕温泉建成"星辰汤"，秦始皇改用石筑，称"骊山汤"，汉武帝更在此建造离宫。然而，旧日的皇家殿宇已然废弃，寻常人也有了享受骊山温泉的机会。热爱山水的张衡自然不会错过这等景观。

沿着山路登攀而上，不出一个时辰，张衡已经在骊山山腰处得以远观温泉。只见眼前芳草萋萋，怀绕着静美如镜的水面，蒸汽氤氲，仿佛有神灵居住。张衡心中大为舒畅，忽听得背后脚步窸窣，有一位山民路过，张衡忙拦住他询问有关温泉的事情。那山民听说张衡是远方来客，给他讲了一个传说：

话说当年秦始皇游骊山，触怒了神女，神女以仙法让他脸上生疮，秦始皇忙去道歉，神女赐给了他一池温泉，用泉水沐浴之后，疮疾便治愈了。从此以后，远近居民但凡生疮，便要求此温泉之水来疗疾。

"这泉水当真有此妙用？"张衡接着问道。

"怎会无用呢？"山民大笑着离开了。

"这天下还有太多神奇的事，想让人一探究竟啊！"张衡暗暗感慨。

第二天，重新上路的张衡写下了他两年来的第一篇赋：

览中域之珍怪兮，无斯水之神灵。控汤谷于瀛洲兮，濯日月乎中营。荫高山之北延，处幽屏以闲清。于是殊方跋涉，骏奔来臻。士女晔其鳞萃兮，纷杂遝其如烟。

求学居洛阳

汉永元七年（95）四月初一日，宏伟高大的崇德殿陷入了一场突如其来的混乱。正当百官向青年天子汉和帝刘肇陈奏国事时，原本清明晴朗的天空骤然暗了下来。本以为是阴云略过，浑不在意的汉和帝却忽然被殿上紧张的窃窃私语声所搅扰，"是谁如此不讲君臣之礼？"他心中暗恼，目含责备地环视大殿，天色却越来越暗了。紧接着，一名神色慌张的宦官快步走近，凑在皇帝的身边讲出了一条让他心神不宁的消息——"日食了"。

此时，坐落在洛阳城南开阳门外的太学中，名声煊赫的大儒贾逵正在为太学生们讲解《左传》。

时年六十五岁的贾逵须发已然斑白，他端坐在讲坛之上，八尺二寸的高大身形令堂下的太学生倍感威压，而在知识的世界中，他恐怕还会再高大上数倍。

汉代人讲《春秋》经，原本尊奉《公羊传》与《穀梁传》的解释，太学中的《春秋》博士，也都讲授这两家学说。然而在建初元年（76），热衷学术的汉章帝招贾逵讲学，这位年轻气盛的学者公然宣称，记述历史细节的《左传》才是对《春秋》经最为优秀的解读。一时间学界哗然，从博士论经的白虎观，到教授后学的太学，这位"离经叛道"者都收获了一批支持者与批判者。幸运的是，汉章帝选择了支持贾逵，并下令从研习《公羊传》的太学生中选出一批改习《左传》。就这样，一门新的学问硬生生地挤进了壁垒森严的太学，贾逵也不负众望，用自己杰出的学问博得了"通儒"的称号。

忽然到来的日食令太学也陷入了阴霾。在汉人的心目中，日食是巨大的凶兆，是上天对人间政治过失的警戒。贾逵停下了授课，他猛然站起身来，在学生的簇拥下步出门外，默不作声地望向天空。

"会不会有大事要发生了？"

"天家要怎么应对呢？"

"近些年天下政通人和，怎么会……"
太学生们交头接耳地议论着。在他们当中有一位略显瘦小的青年，他与贾逵一般，神情严肃地凝望着天空，心头不知在盘算些什么，他就是张衡。

经过长安三辅的两年游学后，意犹未尽的张衡来到了东汉帝国的都城洛阳。昔年武王伐纣，西周代殷，周公在洛水北岸修建了王城，那里便是洛阳之地。东汉的洛阳城，则是世祖光武帝大力营造的成就。洛阳的宫阙分南北二宫，南宫是群臣朝贺议政的皇城，北宫是皇帝嫔妃寝居的宫城。两宫相连，殿宇棋布，奢华气派，不逊昔日长安。张衡数次徘徊于宫墙之外，想象着在这国家的中枢，皇帝如何在出身高贵的大臣们的辅弼下，治理着天下万民。

在这洛阳城中，更为吸引张衡的是城南的太学。东汉的太学，是天下热心学术的青年人的殿堂。汉武帝时，长安初设太学，设立博士弟子五十人。此后太学生的数量不断增多，规模已达万人，天下英才，一时云集。归功于祖父张堪的美誉与自己在南阳与长安的名声，初到洛阳的张衡很快获得了进入太学学习的机会。他追随着登台讲经的博士，如饥似渴地聆听着儒家经典的微言大义。

在太学博士中，张衡最为服膺的便是贾逵。贾逵与他讲授的《左传》最为质实真切，而且总是远离谶纬之说。所谓谶纬，便是征兆之学，动辄便要谈灾异祥瑞——哪里出了嘉禾，哪里冒出了甘泉，哪里天空有了两道霓虹，哪里掘出了刻有语言的石块。按天人感应的学说，这些东西都是人间祸福的象征，需要皇帝认真对待。

"世事真的如此吗？"张衡总是有些难以明言的疑惑。

日食结束了，阳光重新了无阻碍地投射在大地上，崇德殿前的玉阶显得愈加洁白耀目了，太学的廊舍也更见威严分明。

"诸君既习《左传》，可知《左传》一十二公，曾几次遭逢日食？"贾逵问堂下诸生。张衡娴熟经典，正欲作答，忽见身旁闪过一人朗声道："凡三十七次。在初一朔日的有十六次，在初二日的有十八次，在月末晦日的有一次，不书日期的有两次。"那人即是河北涿郡人崔瑗崔子玉，此君博闻强识，又最喜天文之学，最得贾逵喜爱。

贾逵听闻崔瑗作答，心下欢喜，又正色问道："日食主何吉凶？"诸生闻之耸动，太阳为人主之相，日食为世间凶兆，天下皆知，如此一问，岂非不敬？

却听崔瑗答道："鲁昭公二十四年五月日食，大臣梓慎称将有洪水，大臣昭子则称将有干旱。"

"那最终是水是旱？"

"学生惭愧，不记得了。"

贾逵颔首微笑，崔瑗的应答既讲出了经书所载日食与灾害的关联，又不肯明言凶恶，朝堂上应答问对的机巧，他已经颇为通透了。

"诸君可还有疑惑？"贾逵扫视堂下诸生，又问道。

"晚生有一问，敢请先生解惑。"只见崔瑗身旁又走出一位青年，贾逵记得，他是南阳人张衡，读书素来勤奋，又格外多思好问。

"太史公司马迁说，月食是有周期的，从第一次月食开始，间隔五个月发生的有六次，再间隔六个月发生的有五次。月食既然有规律，那么日食会不会也有规律可循呢？我听说会稽郡有一位叫王充王仲任的先生，他说每四十二个月会发生一次日食，日食有自己的规律，并不在人间的政治得失。他说的是否有道理呢？"张衡连珠似地抛出了问题。

贾逵听了，反问道："那么，《春秋左传》中日食的纪录，是不是符合你讲的这位王仲任所说的规律呢？"

"不甚符合。"

"那又是为何呢？"

"晚生斗胆应答，可能是王仲任讲的周期并不准确，也可能《春秋左传》漏下了一些日食没有记录。"

听了此言，堂下诸生不由倒抽一口气，身为太学生，质疑经书的记载，这是何等的狂妄之言。一时周遭凝固了下来，百余人的呼吸声都变得细若蚊鸣。

贾逵愣了片刻，展颜叹道："小子敢言！"便不再多说了。

散课后，崔瑗拦住了神色紧张的张衡。

"平子兄真敢言！在下钦佩啊。"

"倒惹得先生恼怒了。"张衡惭然道。

"哪里！先生那是欣喜不已哇。"崔瑗解释道，"当年先生在孝章皇帝面前，面对一众《公羊》《穀梁》博士，力主《左传》之学，那是何等的英武！如此不拘旧说之人，如果今日站在堂下，恐怕要为你击节称赞呢。"

张衡听了，释然大笑，忙邀崔瑗到居舍中再做畅谈。

崔瑗的父亲崔骃文辞典美，精通百家学说，昔年与班固齐名，深为汉章帝所器重。崔瑗自幼在父亲的训导下博览群书，又常能向当世的明贤大儒问学，耳濡目染之下，无论是见识、气度还是礼仪，皆称太学生中的佼佼者。崔瑗喜好交游，为人慷慨大方，常常宴请朋友宾客，极尽滋味。然而，虽然他结交过无数的贤达名士，眼前的这位同龄人，却让崔瑗倍感好奇。

与众多太学生不同，张衡虽然熟悉经典，却似乎总是对经典背后的东西抱有强烈的好奇，他总是去读一些旁门左道之书，总是去想一些离经叛道的问题，对于功名利禄，他仿佛并不在意，但对家国天下之事，他又有无限的热情。崔瑗总是能在与这位"怪人"同游时，收获些新的启发，在他看来，张衡是注定要做出些不凡的事情的。

这一日，张衡正与崔瑗做六博戏——这是一种棋类游戏，双方各持有六枚棋子，掷骰争行，既凭智技，也讲运气，在京师洛阳一带最为流行。两人厮杀正酣，忽听得马蹄踏踏，喧嚣声起，沉醉六博戏中，张衡还以为是眼前棋子活了起来，心下吃惊。却见门外锦衣使者昂然而入，道是汉家天子要召见张、崔二人。

四月的日食带给了汉和帝巨大的压力，自三年前扫清外戚窦氏家族后，他一直勤于政事，不敢有丝毫荒怠，并多次下诏减免赋税、安置流民、宽和刑法，一切似乎都在按照圣明君主的标准顺畅地运行着。但这突如其来的日食，究竟是怎样的信号呢？上天为什么要给他降下警告呢？汉和帝的心中深感委屈。

于是，他逐一召来朝中的众臣与太学的博士询问自己的得失，群臣也是懵然无策，他们只好讲着大而无当的道理来勉强应答。

"或许是野有遗贤吧。"一位御史启发汉和帝说，"上天或许认为陛下您需要征辟更多的贤人来治理天下。"治国用人又何尝能"足够"呢？御史的回答无疑是精明而正确的。

汉和帝赞许了他的话，紧接着便下了一道诏书：

> 元首不明，化流无良，政失于民，谪见于天。深惟庶事，五教在宽，是以旧典因孝廉之举，以求其人。有司详选郎官宽博有谋、才任典城者三十人。

他忏悔了自己的罪责，从汉武帝起，在有凶兆降临时便下诏罪己，已然成了汉朝皇帝的规定动作—宣称要选取三十名人才充任地方官员来育化万民。而这三十人从何而来？在博士祭酒的提醒下，他想到了太学中的万余名学生。一时间众博士拟定名单，在贾逵的推荐下，崔瑗与张衡皆位列其中。

这是张衡人生中第一次来到洛阳南宫。在宫人的带领下，一行百余名太学生从朱雀门整肃步入宫城，一扇又一扇戒备森严的高大宫门，仿佛是守护帝国心脏的雄伟巨人，冷眼审视着这一群褒衣博带的青年，他们连续经过司马门、端门、却非门与章台门，终于来到了南宫正中的崇德殿下。黄门宣旨，诸生进殿行礼，殿宇宽阔，百余人立身其中，却仍显空旷。远处高座之上，端坐着掌管天下的皇帝，他年纪尚小张衡一岁，但宫廷中的风霜与国家的重任，却让他显出了与年龄不相匹配的老成沧桑。

"朕招卿等来，所为二事：一则拣选良材，充任郎官，出补天下各县的缺任。二则尔等经典娴熟，理当尽进忠言，朕践极七年，有何过失，尔等当知无不言。"

殿内诸生愈加沉寂了，如果说进殿后的寂静是礼仪的要求，那么此时的寂静便是惶恐的沉默了。对于初次面见天家的太学生们而言，当面进谏是何等可畏之事啊！

汉和帝见了眼前情景，哑然失笑，"这些人中，真的会有我大汉日后的股肱良臣吗？"

"卿等既不敢面言朕之过失，那便略陈治理天下的要领吧。"汉和帝做了妥协。诸生如释重负，这第二个问题和缓了太多，众人各展所学，高谈阔论了起来。

"督促耕种乃重中之重。"

"兴办学校方为牧民之先。"

"首在赈灾，次在宽刑。"

殿上的太学生依次作答，汉和帝却听得有些倦了。"他们所陈之事，又有哪件是朕不知晓的呢？"他暗自抱怨道。

"臣以为，治天下首在安人心。"忽然，一个不同寻常的答案传来了。

"如今天下人心不安吗？"皇帝问道。

"不敢，天家践极以来，民心本来安定。"

"那为何如今要以安人心为首？"

"恕臣死罪。臣以为，月前日食，陛下以之为上天的警告，天下臣民若深信此言，未免生出惶惶忧思。如今陛下广施仁政，四海廓清，黎庶祥和，一时的天象，又怎能动摇我大汉的兴隆之势？陛下圣德，又何必要自领罪愆，使人心多疑呢？还望陛下三思！"

汉和帝听闻此言，心中既受用，又惊讶。受用的是他讲出了自己对日食之象的困惑与不甘，惊讶的是他居然敢在朝堂之上堂而皇之地质疑上天的征兆。

此人是谁？自然是张衡。曾在通儒贾逵面前怀疑经典的他，早已被诸生视为狂人异类，但这次在天家面前质疑上天之兆，还是令人捏了一把冷汗。

汉和帝并没有回应张衡的进言，他知道，作为天子，绝不能在朝堂上赞许他的这些略显悖逆的言语，他只是不动声色地招来黄门，问清了此人的姓名来历，"张衡张平子，此子或许日后能堪奇用啊"。皇帝默默地记下了这个敢思敢言的南阳人的名字。

汉和帝并没有回应张衡的进言，他知道作为天子，绝不能在朝堂上赞许这些略显悖逆的言语。只是不动声色地招来黄门，问清了此人的姓名来历，"张衡张平子，此子或许日后能堪大用啊。"皇帝默默地记下了这个敢思敢言的南阳人的名字。

"平子兄为何要拒绝陛下的任用呢？"崔瑗似乎漫不经心地问道。

"我才识尚浅，执掌一县百姓的重任，我怎么担当得起呢？"张衡应答得真切，"我还是希望能在太学中再多学习一段日子。子玉兄的心思，恐怕也与愚弟一般吧。"

两个时辰前的崇德殿上，汉和帝令人宣读了三十人的任官名单，张衡与崔瑗皆被委以县令之职，两人却皆以才浅德薄的借口辞谢了职位。汉和帝听了，却如早有预知一般地宣布了递补的人选，张、崔二人也被额外授予了孝廉的身份。

汉时选士用察举之法，每年各州郡要搜罗本地品行醇美、才学过人之士，上报朝廷，定为"孝廉"。士人成为孝廉之后，便有任职做官的资格，最初要从天子身边的郎官做起，日后再派赴州郡。但若有灾异发生，朝廷也会进行临时的诏举，简选专门的人才，授予孝廉身份与官职。张、崔便是诏举出来的孝廉。

身份的改变并没有影响两人在太学中的生活，依旧读书，依旧问学。在贾逵的引领下，二人对天文的兴趣也与日俱增，研习儒学经典外，他们也不时在夜晚仰察星空，并尝试将星象的变化与书籍的记载对照印证。

京师的官员不少也听闻了张衡的名声，他们无不念到，张衡既然取得了天家的赏识，那么若能将他揽入府中，未来自有无限用处。于是，不时有来自高门显宦之家的使者来拜访张衡，希望将这位前途广阔的年轻人征辟入府。张衡逐一拒绝了他们——皇帝委任的官职尚且不就，官员府中的利禄名位又怎能吸引他呢？

春风得意的张衡此时却得到了一番教训，永元七年（95）的九月，日食过去的五个月之后，一场地震袭击了京师洛阳。这次地震并不严重，南北宫室皆未受损，但阆城之中，仍有百余民宅坍为废墟。地震发生时，正行走在市集上的张衡但感脚下虚浮，接着便听无数门梁立柱咔咔作颤，市上居民逃窜避险，失魂落魄。

"这便是日食所预兆的灾祸吗？"张衡自问道。

然而灾祸并不止于此，一年之后，蝗虫侵扰了洛阳周边郡县，灰埃万里，农田绝产。再一年之后，洛水泛滥漫入城内，京师险些成为泽国。接连而来的灾害，让张衡开始重新思考自然之事。

"这些灾害都是对人间政治的惩戒吗？如果是的话，陛下究竟做错了什么，为何灾难会接二连三的到来？如果不是的话，究竟是什么引发这千奇百怪的祸事？除了赈灾以外，朝廷还能做些什么呢？"

张衡同崔瑗聊起了自己的困扰。

"平子兄所想之事，岂是在此太学之中便可寻到答案的？"崔瑗提示他，"你我在洛阳已近四年，眼光切莫局限了。"

是啊，在太学的四年光阴，让张衡的学识大为增长，但诵读儒学经典的生活，总还让他有一种微妙的不安。他未来也要成为一名经学博士吗？也要在注释与解读经书中度过一生吗？他想到了恩师贾逵，此时的贾逵已经获得了侍中领骑都尉的职衔，每日伴随皇帝左右以待问询，深受器重，太学之中，已经难以再见到他高大的身影了。

"我研究儒学经典的本领，能及得上先生十之一二吗？"张衡自问道，他心中其实是有答案的。

之后的几个月，张衡似乎放松了对自己的约束，他不再每日遨游于简册书籍之中，而是更多地行走于洛阳的巷陌市集之间，仿佛要将这座城市的每一个角落都刻印在头脑中。他隐约感觉到，自己离开的日子又近了。

永元十二年（100）新年，二十三岁的张衡依例往北宫去朝贺君王。获得孝廉的身份后，张衡也有了参与正旦节德阳殿朝会的机会。德阳殿是洛阳北宫的大殿，可容纳万余人。这座大殿的台阶即有二丈高，四周引洛水环绕，纹石作坛，白玉为阶，黄金铸造的柱子镂刻着三带缠绕的花纹，殿内的墙壁画着精美的图案，红漆梁上镶嵌着碧绿的翡翠，时人皆称"珠帘玉户如桂宫"，奢华气派，一时鼎盛。据说在离洛阳城四十里外的偃师，都可以远眺到德阳殿的高大门阙，宫阙耸峙，与天相连。

四年前，第一次站立在德阳殿前的张衡望着壮阔雄伟的建筑与华丽绮美的装饰，心中赞叹之余，也有些许不安。奢美的宫殿往往寄居着皇帝的欲望，大兴土木的热情往往预示着政治的衰败。幸好当今的天子尚且兢兢业业，继位以来，也不曾在宫室上再做修饰。"但愿陛下之心，长此如一吧"，张衡心中默默祝祷道。

四年后，德阳殿一切尽如往昔，节日的装潢似乎也更清简了，大概是连年的天灾让皇帝变得愈加谨慎。然而朝会的仪礼却不会有丝毫放松，群臣端列行礼，天家威仪，在这一年的初始便展现得淋漓尽致。朝贺途中，张衡对眼前的一台一阁、一门一阙也愈加珍惜，他感到心中的一个梦想，似乎也在随着自己离开洛阳的决定而渐渐苏醒。

这一年，张衡写出了《七辩》。在他的笔下，虚然子、安存子、空桐子等七位"无名之人"讲述着世间声色的美好，赞颂着大汉超愈仙境的繁盛。汉和帝读过此文，为张衡精致秀美的文笔所折服，他遣人再次去征召这位昔年便给他留下深刻印象的青年，想与他谈一谈辞赋。然而使者回来时禀报，这位特立独行的青年人已经回到了故乡南阳。

文作《二京赋》

在东汉，一方主官握有巨大的权柄，郡守与属下的郡吏之间，有着仿佛君臣般的名分。对于初涉官场的青年人而言，最初在何人府中效力，将成为他一生的标签。这一选择，务必慎之又慎。

对张衡而言，鲍德便是一位值得相信的使君。鲍德的父亲鲍昱曾在洛阳朝中做过司徒、太尉等高官，以公正不阿、善于处理狱讼而为世人所敬重。鲍德也如父亲一般志行修洁，广受赞誉，已担任了数年郎官的他被委以南阳太守的重任。

鲍德自幼成长、仕宦于洛阳城中，即将典理一方的他心中也颇为忐忑。南阳是世祖光武帝刘秀的龙兴之地，在皇朝的政治版图中有着特别的意义，孝和皇帝派他出任南阳太守，既是隆重的恩典，也是莫大的挑战。他自知孤身赴任，办事万难周全，若能从这洛阳城中寻得一位贤才作为自己的辅弼，自是绝妙之事。那么，谁是最佳的人选呢？鲍德的心头浮起一个名字。

不久，太学中的诸生都在议论着一件异闻，拒绝了天子委任与显贵征辟的张衡，即将担任家乡南阳的主簿。

"本以为他是待价而沽，谁料……"

"南阳是他的家乡，归还故里，也是人之常情。"

"你也不看新任的南阳太守是谁？那可是鲍德啊！"

诚如斯言，当张衡第一次见到登门造访的鲍德时，便对鲍德生出了莫名的信任。鲍德是美玉一般的君子，家风与学养让他的一言一行都自然而端方。与之前来征辟张衡的使者不同，鲍德并不以利禄作为条件，他只是告诉张衡："家乡的百姓需要你的才华，祖父张堪的美名需要你来继承。"

从洛阳到南阳一路坦途，沿路山川平顺、田园秀美，本是天下最为富庶的区域之一，然而近年连遭蝗灾洪水，荒芜之迹，若隐若现，鲍德与张衡见此光景，皆摇头叹惋。昔年世祖光武皇帝起兵于南阳舂陵，征战四方，定都洛阳，两城之间短短四百余里，他整整走了一十二年。如今鲍、张一行，赴任心切，轻车快马，不出十日，已抵达南阳城下。

自十六岁外出游学，转瞬之间已过去了七个春秋，张衡早已脱去了昔日青葱少年的影子，成为了英姿勃发的学者与初当重任的官员。七年之间，虽然鸿雁往来，音讯频繁，但张衡对家人的思念却与日俱增。回到南阳，他向鲍德秉明，先去家中看望母亲，再到公府赴任。母亲闻知张衡要从洛阳归来，打十余日前，便每日派家人前去城门观望，今日见鲍太守的车马入城，母亲早早在门前迎接，母子阔别重逢，相对垂泪，总有说不完的话。

听母亲讲起，近几年年景不佳，南阳街市萧条了不少，唯鲜衣怒马的豪族子弟仍然悠游恣肆，甚至较往年愈加跋扈了。灾害让不少农人流离失所，变为所谓的"流民"，既令人生怜，也不由忧虑他们会渐渐沦为盗寇，为祸一方。母亲口中的情况令张衡忧心忡忡，在他的记忆里，南阳还是一座弥漫了童年绮丽梦想的城市，无忧无虑的家乡，但如今，自己是肩负重担回来的。

"衡儿啊，你便大着胆子做事。"张衡的心思又怎能瞒过母亲呢？"天命会给你回报的。"

"母亲啊，你可不知，儿子在洛阳，正是因为不信天命而出名哦！"张衡心中苦笑，但这话却是不能讲出口的。

张衡担任的是南阳郡的主簿官，平日的任务是典理文书、掌管档案，乍看起来清闲，实际却是太守鲍德重要的参谋。到任后的两个多月间，鲍德在张衡的辅弼下仔细地阅览了历任南阳太守留下的文书档案，对这座陌生的城市，他已渐渐了若指掌。鲍德的勤勉让张衡十分欣喜，他逐渐确认，对眼前这位大人，自己可以彻底地敞开心扉。

"平子以为，南阳之弊何在？"这一日，正在翻阅文书的鲍德突然问起。

"在豪族。"张衡答得干脆。

鲍德默默不言。南阳是光武皇帝的故乡，功臣家族云集，与洛阳长安儒学传家的情况不同，这些家族子弟大多仰赖祖上军功，不肯勤勉向学，其中一些更是游手好闲，为害乡里。历任太守意欲扭转风气，奈何势单力薄，皆难以成功，张衡上来指出的便是一块硬骨头，然而，他的神色间却泰然似有自信。

"那如何应对呢？"鲍德好奇地问道。

"南阳官学废弛已久，教化不兴，民风怎能淳厚？在下以为，官学不但要重建，还要建得更加阔大，广收学徒，恢复风雅。"张衡答。

鲍德一怔，问你豪族之事，为何要提到学校？转瞬间，他明白了其中关节。若能将豪族子弟汇集到官学中来，加以约束教化，岂不是治本之法？思及此处，鲍德颔首微笑道："甚好，甚好！然而此事急不得。"

"为何？"张衡纳罕道。

"自永元七年起，京师地震，天下水、旱、蝗灾频发，南阳虽富庶，又怎经得起连年赈灾？左支右绌，又如何使钱去兴办官学？"鲍德解释道。

"在下思虑不周，望使君恕罪。"

"平子何罪之有？这兴学的事，日后还要交给你来办哩。"

很快，南阳郡府上下都发现，太守鲍德越来越忙碌。他不是行走在乡野之间检视田地，便是亲赴险峻勘察山川，而与他同行的，总有主簿张衡。

"天灾的种类很多，但祸害农事最大的，莫过于水、旱、蝗。"这日，鲍德带着张衡与一众随从勘察淯水。淯水自北向南穿过南阳，汇入汉水，南阳之水患，多在此河。"治水、旱，皆需要早做工夫，筑堤防，修渠道，掘水源。此时耗资虽巨，总好过日后赈济。"鲍德道，"天灾，天灾，说是上天之事，其实亦不尽然。修明治道，天与佳年，固然是最好的，然我等守土一方，总不能全赖在缥缈之事上。"

此言正中张衡心怀，他方欲赞叹，却听鲍德继续说道："蝗灾则难防备。飞蝗来时，百姓骇怖，更有愚民尊蝗虫为'蝗神'，哪怕穿堂入户都不敢扑杀，岂非咄咄怪事？不知何日可尽平生所学，觅得除蝗妙法！"

"使君仁德，百姓之福。"张衡一边礼仪周全地应答着，另一边却想起了一桩往事：世间之灾中，有一种比蝗虫更难防备，便是地震。当日张衡在洛阳遭逢地震，全无征兆间天地动摇，不过顷刻则屋舍坍圮，真是鬼魅无形，令人生怖。"这又当如何防备呢？"张衡的心中埋下了种子。

一月过去，鲍、张二人已然对南阳治下的山川田地了然于胸，防治水旱之策亦拟定出来，诸处渠井堤坝一齐开工，整个南阳都仿佛变得簇新而活泼了起来。虽然奔波操劳，张衡见到眼前景象，着实心生快意。

永元十三年，又是一个多雨的夏天，汉水的各条支流水位渐涨，周边郡县皆将心悬了起来。虽然自入春以来已经添补丁壮，奋力修造，但淯水的堤防仍未全然竣工。饶是如此，鲍德也对防住迫在眉睫的洪水多少有了些信心。又是连日暴雨，相邻的郡县有些已成泽国。南阳的百姓议论纷纷，猜想着新任太守这一年的"折腾"究竟有何效力。很快，现实就给了他们最好的回馈，灾讯从四面八方传来，独南阳一地岿然不动，"这是神迹啊！""是什么样的美政感动了上天？""鲍太守真有神灵的护佑。"百姓交口传诵着。听闻这些颂扬之词，鲍德与张衡相视一笑，有八分的欣喜，也有两分的无奈。

寒来暑往，冬去春来，随着工程的完备，天灾对南阳的伤害也越来越小了。史书记载此事时称"时岁多荒灾，唯南阳丰穰"，太守鲍德的勋业，就是这般的出类拔萃。南阳的百姓为了他起了一个崇高的称号，叫做"神父"、"神"是天神护佑之神，"父"是一方父母之父。爱戴之情，无以复加。

防范水旱一事的成功，让张衡的自信增长了许多。对一个读书人而言，当他的才学可以从文字与论辩变为现实功业时，他的天地便会骤然宽广起来，而在新的天地中，无论是思想还是文辞，都将迎来一次飞升，此时的张衡，便处在这破茧时刻。

作为南阳主簿，张衡总有无数的文书要撰写，鲍德早听说他在辞藻上有着惊人的天赋，便向他索来近作阅读。张衡誊抄了一遍《七辩》，颇为忐忑地交予太守，之后数日，他都有些焦虑地等待着鲍德的评价。然而三日过去、五日过去、半月过去，鲍德却再未提及此事。"使君繁忙，不暇阅读吧。亦或我写得着实不佳，使君不愿明言罢了"，张衡胡乱猜想着。

日子整整过了一月，鲍德忽遣人邀张衡饮酒，道是有事相商。一见面，平日端严厚重的太守便激动地夸赞道："平子可知，你的一篇《七辩》，一月间我日夜诵读，只是读不够啊！"

张衡忙称惭愧。鲍德却兴致更浓，两人论起辞赋来，把酒言欢，好不快意。

"不知平子心中，天下最妙的赋是哪一篇呢？"

"倒不是一篇，而是两篇。"

"哦？"

"便是班孟坚的《两都赋》。在下还在塾中时，最先读的是扬雄《甘泉赋》，文藻之美，惊为天人。后来又读司马相如《子虚赋》，觉得绚丽恣肆，天外有天。然而马、扬俱是古人了，在下幼时妄测，作赋之学已然衰颓，今人虽亦多佳篇妙作，然而宏伟气魄，却不逮古人。直到将往长安前，我读了班孟坚的《两都赋》，东西二京的气象，被他写得既璀璨又优雅，既详实又灵动，实在令人称奇叫绝啊！我才相信，今人之赋，可以不下古人。"

鲍德点头称是，他提出了一个想法："平子少年离家，先往长安游学三载，又在洛阳居住四年，东西二都的好处，你也是知道的，何不也写上两篇赋，与班孟坚比个高下呢？"

"在下岂敢，我的才学文笔比起班孟坚，那可是萤烛皓月之别啊。"张衡慌忙否认。在长安时，他便曾慑服于《西都赋》的绝伦之美，三年不敢再作赋，幸得挚恂开导，才重拾笔墨。今日心境虽已大为不同，但终归还是有些胆怯的。

"前人珠玉，可为模范，这《两都赋》你在心中记熟了，这便是你胜过班孟坚的基石。"鲍德鼓励道。

张衡口中依然推辞，心下却也有了动摇。"写出比《两都赋》更好的大赋来，这真的可能吗？"

鲍德的话所激起的，大约正是张衡隐藏最深的心愿。从儿时初闻先生讲《甘泉赋》那日起，以署着自己姓名的雄文大赋扬名士林，甚至因此得到帝王垂青，这种大快意之事，怎能不为他所梦想呢？然而这个梦想太张扬了，它的实现太艰难了，从在长安起，张衡似乎就将它埋藏了起来。然而，这个梦想仍然在潜移默化地影响着他，游学两京的七年间，总是一面比照着《两都赋》，寻找班孟坚所描绘的风物遗迹，另一面则仔细地观察着，还有哪些景致、风俗与珍奇是《两都赋》所不曾描绘的。身处长安与洛阳时，张衡被两京的风物包裹着，乱花迷眼之下，他似乎还不知该写些什么。然而如今身处南阳，追忆七年间的见闻，更为清晰、丰富而秩序井然的画卷，已然在他的头脑中缓缓展开。

从鲍德府上回去，归途之中，张衡昂首望向漫天星斗，胸口感到颇为温热。

励精图治的汉和帝在二十七岁的年纪英年早逝，继位的汉殇帝不满周岁即夭折，汉章帝之孙、刚满十三岁的刘祜被邓太后迎入宫中继位，谥号孝安皇帝，改元永初。

永初元年（107），这已经是张衡担任南阳主簿的第八年了。鲍德的英睿勤勉使南阳百姓对他的信赖愈加深厚，"神父"的美名远播海内。和帝数次下令矜奖鲍德，朝野皆知，他回到京师担任更重要职位的日子应该不远了。鲍德于是愈加急切地想将自己所学的全部转化为南阳的美政。这年年初，张衡昔日进言的兴复学校之举得以实现，重修后的南阳官学有数百房舍，规模已近太学之半，鲍德将南阳城中有名声才学的儒者尽数邀入官学，以最为雅正的儒学礼乐办了一场开学仪式。他又将本地年高德劭的老人请来，共同参与宴会，一时弦歌宴享，和乐融融，仙乐远飘，满城皆闻。南阳百姓见了这场面，纷纷感慨，传说中上古帝王时的景象，今日在南阳又能见到了。

八年间，处理政务之余，张衡的笔也不曾停歇。自那日酒后对谈，创作《二京赋》的愿望在他的心中逐渐萌发生长，他在自己的头脑中无数次构筑长安与洛阳的模样。张衡头脑中的东西二京是极丰富的，他昔年游学时眼见的风物、耳闻的传说，还有史料的记载，前人的辞赋，全部都汇聚在张衡的两京中，它们交融着、碰撞着，仿佛五色的泥土被揉捏在一起，最终变得互相沾染，难以分离。每到这时，张衡便感觉头痛欲裂，他推开堆在面前的简策，步出房门，星空之下，他忆起了在太学中与崔瑗求学的日子，两人在贾逵的指点下穷究天文，有时整夜不眠，也不知疲倦。贾逵六年前已经仙逝，崔瑗为了给兄长报仇犯了杀人的重罪，此时亡命天涯。人事无常，令他百感交集，他愈加觉得，自己应该做出些不朽之事，来告慰恩师挚友。

重修官学一事既了，一向不辞辛劳的主簿张衡向鲍德告了整整两月的假，此事令郡府上下议论纷纷，每有人问及张衡，太守鲍德总是笑而不言。他知道，一篇千古佳作或许即将诞生在南阳了，为了这文学盛事，稍稍"假公济私"一番，也无伤大雅。

写，写，写。

张衡将自己关在房间中，青简如玉，墨笔如龙。十余年的累积正在他的体内燃烧、爆裂。长安

张衡将自己关在房间中，青简如玉，墨笔如龙。十余年的累积正在他的体内燃烧、爆裂。长安的废墟、洛阳的宫殿、园林集市、奇花异卉、珍禽异兽、音乐仪仗、群臣百姓，种种意象涌出张衡的笔端，洪水般倾泻着自己的知识与记忆。

的废墟、洛阳的宫殿、园林集市、奇花异卉、珍禽异兽、音乐仪仗、群臣百姓，种种意象涌出张衡的笔端，洪水般倾泻着自己的知识与记忆。但张衡是不会让这洪水肆意泛滥的，他细致地安排着篇章，雕琢着词句，每一个字都要反复斟酌。此时的张衡是一位巧匠，他手握着细小的刻刀，倾尽心意地雕刻着，但他所要雕成的绝非一块小小的玉璧，而是一座巍峨的山峦。在他决心作赋的那一刻，他便知道，这是一场如何的试炼。

写，写，写。

大赋最要才学，今来古往的典故在作赋时要凝聚于神，着落于文。两月间，张衡的血肉都仿佛化成了书册，翻转不息。他不时登上史书的巨木，摘取精妙的果实；又不时踏入经文的大堂，还原古雅的礼仪。天文地理、风土物产，纷纭万物在张衡的巧思中变得井井有条。从两京的营建至于今日，张衡穿梭于历史的长河，兴起、战乱、营造、增饰、朝拜、郊祀、大射、田猎、巡守，一个又一个场景铺展开来，司马相如曾说："赋家之心，包括宇宙，总揽万物。"此时的张衡，岂不正是赋家的典范与翘楚？

写，写，写。

班固的《两都赋》张衡早已烂熟于胸了，但他仍总要取出来浏览揣摩。今日的张衡，已不再将它视作不可逾越的山峰，他知道，哪怕只有微末的改善，自己也可以比班孟坚多走一步。"商贾侠客之事，《两都赋》不曾写过"。"角抵之戏、大傩之礼，班孟坚未曾目睹"。赋家的眼光是可以累计叠加的，张衡站在《两都赋》的巨石上，不由看到了些新的光景。"孟坚用词，有时冗沓了"。"连珠对偶之处，也有不妥之处"。高强度的写作让张衡的眼光也愈加挑剔，《两都赋》的微小瑕疵，在他锐利的目光下，也被一一剖解出来。

写，写，写。

作赋不仅仅是文辞的游戏与状物的铺陈，张衡相信，议论讽谏方为大赋的点睛之笔。他想起德阳殿的壮阔雄伟，昔日心中隐约的不安在笔下变得诚挚。君王若一味追求宫室的华美奢侈，而不遵循礼节，不讲求节制，那么最为雄壮的宫殿也将化为废墟。这道理是浅显的，而今来古往又有几人抵挡得住诱惑呢？"天子有道，守在海外。守位以仁，不恃隘害"。或许在张衡的眼中，新登大宝的少年天子，才是自己最想获得的读者吧。

两个月很长，张衡感到自己整整度过了半生；两个月很短，南阳城还没来得及准备好迎接这份文学的厚礼。

鲍德几乎认不出眼前这位瘦削的青年了，直到张衡行礼讲话，他才放下手中的文书，冲到他的身前询问闭门作赋的情形。张衡似乎已没有力气多说，他将誊抄好的《二京赋》交给了鲍德——这将是它的第一位读者。

"有冯虚公子者，心侈体忕，雅好博古，学乎旧史氏，是以多识前代之载"。《西京赋》的开篇有着雅正的气度，像司马相如、班固这些前辈一样，一个虚拟的角色将带领读者进入辞赋的世界。"汉氏初都，在渭之涘，秦里其朔，实为咸阳"。"于是量径轮，考广袤，经城洫，营郭郛，取殊裁于八都，岂启度于往旧"。这是讲史，过去的事情写定，当下的画卷才会展开，鲍德知道，此时已进入了正题。"朝堂承东，温调延北，西有玉台，联以昆德。嵯峨嶻嶭，罔识所则"。"后宫则昭阳飞翔，增成合欢，兰林披香，凤凰鸳鸯。群窈窕之华丽，嗟内顾之所观"。前宫后殿的磅礴与精美，奠定了汉长安的基调，宫阙的整肃，宣告着大赋铺陈的开始。"前开唐中，弥望广潒。顾临太液，沧池漭沆。渐台立于中央，赫胪胪以弘敞。清渊洋洋，神山峨峨"。《西京赋》的文辞开始喷涌，亭台楼榭、游侠商贾、奇花异卉、珍禽异兽，如璀璨群星一般在暗夜的星空被逐一点亮，又如无数的细流在强劲的相互冲击中汇成江河。鲍德仿佛乘着一叶扁舟在急湍中随波逐流，他明明知道，出海口就在前方，但激荡的波涛还是让他心神摇曳，甚至震颤不已。"高祖创业，继体承基。暂劳永逸，无为而治。耽乐是从，何虑何思？"铺陈是戛然而止的，万花筒般的世界在张衡笔下突然凝缩为一句精粹的反问，昔日长安的繁华如此，今日又如何呢？鲍德仿佛看到了那个初至长安、在残垣断壁前恓惶出神的少年身影，但如今那少年早已变得稳重多思，在他看来，过度的繁华或许正蕴藏着衰颓与灾变，正是奢侈与恣肆，击碎了那座经营百年的伟大都城。

读罢《西京赋》，鲍德久久不能平静，他仿佛经历一次攀登高峰而又一跃而下的奇幻历险，明明端坐于几案之前，他却倍感身心俱疲。但他不愿休息，仍如着魔一般取出了《东京赋》。

"苟有胸而无心，不能节之以礼，宜其陋今而荣古矣"！《东京赋》的讲说人安处先生开篇就亮出了他的断言，西京长安的往事俱罢了，今日的东京洛阳又是哪般？"睿哲玄览，都兹洛宫。日止日时，昭明有融。既光厥武，仁洽道丰。登岱勒封，与黄比崇"。京师洛阳城正是在那场让西京颓败的动乱中建立起来的，"于是观礼，礼举仪具。经始勿亟，成之不日。犹谓为之者劳，居之者逸。慕唐虞之茅茨，思夏后之卑室。乃营三宫，布教颁常"。或许是吸取了历史的教训，张衡为东都的建立寻找了天然的道德立场，取法上古圣王的遗风，醇美的礼仪也在其中发生："百僚师师，于斯胥洎。藩国奉聘，要荒来质。具惟帝臣，献琛执贽。""及将祀天郊，报地功，祈福乎上玄，思所以为虔。肃肃之仪尽，穆穆之礼殚"。"及至农祥晨正，土膏脉起。乘銮辂而驾苍龙，介驭间以剡耜"。朝拜、祭祀与亲耕，在《东京赋》中，美政的场景取代了华美的池苑成为了铺陈的核心，优雅与节制让这篇大赋有了更为清扬的声调。鲍德沉浸其中，仿佛有丝竹环绕，又置身缤纷香草之间，心神俱畅。在《东京赋》的末尾，冯虚公子终于为安处先生所折服，讲出了"若仆所闻，华而不实；先生之言，信而有征。鄙夫寡识，而今而后，乃知大汉之德馨，咸在于此"的诚挚感言，奢华与雅正的争论，也有了当然的结论。

两赋读罢，鲍德如同先饮烈酒，再品清茶，既陷入沉醉，又倍感清明。他迫不及待要将张衡请入府中，爽谈一番，却又似乎难发一言，只想独自沉浸在辞赋的世界中，回味方才的酣畅。正出神踌躇间，他感到一阵眩晕。

两个月高强度的写作让张衡精疲力竭，他将誊抄好的《二京赋》交予鲍德后，早早返回家中歇息。他卧于床上却迟迟不能入睡，头脑中残存的词句还在不断翻涌，仿佛刚刚熄灭的热炉还在散发着迫人的余温。

浑浑噩噩不知过了几个时辰，张衡听到一阵巨大的轰鸣声从北方传来。"打雷吗？记得今日原本晴朗啊"。张衡正纳罕时，一阵熟悉又陌生的可怕震动让他瞬间跳了起来——是地震。想起昔日洛阳城中的见闻，他不顾脚下的虚浮颤抖，飞也似地冲向母亲的居室。只听闷雷般的声音此起彼伏，惊叫与哭喊声混杂其间，梁木吱呀呀作响，笔砚哗啦啦散落，庭院之中可见树木房屋相对俯仰，如急湍暴风中的舟船一般震荡不已。

万幸的是，这骇人的震动只持续了片刻。张衡方欲拉母亲到庭院中时，大地已恢复了平静。张衡努力压制着心头的恐怖，安顿好家人，他知道，自己即将面对更大的挑战。

往郡府的路本是很近的，但张衡今日要花许多时间。一条狭长的裂缝出现在大地上，横亘在途中，周围的百姓取了长竿，想探一探它的深浅，谁料丈许的竿子插下去，却仍未见底，百姓的脸上都带着巨大的骇怖，张衡见了这景象也暗暗吃惊。不远处有数十间房屋已成废墟，逃出的百姓皆伤身落泪——然而他们尚且幸运，几具颅破体折的尸首已然被掘出，仓促地堆放在废墟角落。他们的家人大声嚎哭，控诉着苍天的不公。张衡忍痛掩面，走过了他们的身边。

鲍德见到张衡前来，面色似乎稍稍舒展。地震方止，他已遣人去尽力探查灾情，不久，官舍倒塌、房屋倾倒、桥梁破坏、城墙坍损的消息不断传来，百姓伤亡更是难以确计，仅一昼夜间的消息，压死者已有近千。

之后数日，地震灾情不断传来。南阳城南出现了一个巨坑，宽五丈余，深约二丈，有百姓跌落其中，踪迹湮灭。临山的村镇又受到山石跌落的危害，有巨石正落在民居上，死伤酷烈。鲍德一面听人呈报，一面叹息不止。到南阳以来，他奋力兴修水利，预防水旱，八年之间政通人和，百姓安居，谁料天不赐福，又遭此地震之灾！

"平子，你来讲讲，是我南阳政事有失吗？"鲍德有些颓丧地自嘲道。

"使君切莫自责，自然之事罢了。"张衡简短

人们大声嚎哭，控诉着苍天的不公。

而坚决地回答道。鲍德望向他，似乎欲言又止。

这日午后，鲍德带着张衡去洧水旁检视河堤，果不其然，地震让堤防坍出了大大小小无数缺口。

"如今举城受灾，赈济尚且不及，又如何征发百姓来此修缮呢？"鲍德自言自语道，神色格外落寞。张衡看在眼中，却也并无对策。

"使君，您以为，日后我们可以像修水利治水旱一般地治理地震吗？"回到府中，张衡感到些许迷茫。

"何其难！何其难！"鲍德感慨道，"连绵雨水方有洪灾，日久不雨方有旱灾，水旱何时发生，人们多半心头有数，地震则全然不同，这一刻灾难发生，前一刻仍懵然无知，又从何谈得上防治呢"？

张衡默默不语。

鲍德似乎看出了他的低落，劝告道："平子啊，你年岁尚浅，学问又广博，不如花些心力在此事上。"

"在下才疏学浅，怎能有此本领呢？"

"此事交由你是最合适的。"鲍德仿佛忽然想到了什么，眼神骤亮，"我大汉学问深、本领大的人从来不少，而你却与他们都不相同。朝中的博士执着于天命灾异之说，又哪里肯做些了却灾异的实在之事呢？你既然不信他们那般道理，可要用好自己的本领。"

张衡谢过了鲍德的谆谆嘱托。在他的内心中，忧虑与渴望相生相长，嘈杂的世界仿佛安静了一些，而远处百姓的悲哭却愈发分明了。

永初元年（107），包括南阳在内，东汉有十八郡国受到了地震的波及，死伤不可胜计。紧接着，洪水、大风、冰雹接踵而来，整个东汉帝国陷入了恐慌之中。年末，作为国家最高官员的"三公"、典理农事的大司农皆因为灾害而被免职——缘故并非赈救不利，而是上天的怒火需要一些具体的人来承受。地震虽然让南阳城的水利设施陷入了危险，但当洪水到来时，它仍发挥了要紧的功用，鲍德的名声也没有在这大灾之年受到损害。永初二年，京师洛阳陷入了饥荒的危机，甚至上演了人相食的惨剧。执掌朝政的邓太后与她的兄长车骑将军邓骘商议，急需要寻觅合适的人来担任大司农的职务，掌管农业，安定人心。而此职的不二人选，自然是有着"神父"美誉的南阳太守鲍德。

又到了告别的时刻，鲍德即将回到洛阳赴任。值此多事之秋，鲍德深感自己即将面对的困难更胜南阳任上，他本是希望带着张衡一同重回京师的。但与地方郡守不同，朝堂要员的属官任用并不自由，更何况皇帝年幼，邓氏兄妹掌权，朝中的权力斗争绝非元帝时所能相比，权衡之下张衡决定暂离宦海，他想在家中再安安静静读几年书。

临行之时，张衡与鲍德垂泪告别，他的使君如今即将掌管天下的农桑之事，八年的辛劳时光让这位南阳太守苍老了许多，他壮年的日子似乎已经过去，迟暮的痕迹已经慢慢爬上了他高大的身躯。

"平子作得美赋，先遣人送与我来！"鲍德玩笑似地叮嘱道。萧萧马鸣，车驾北上，张衡怔怔远望，回身不知已过了多久。

问天太史令

  永初五年（111），天家使者来到了南阳城张衡家中，三十四岁的他被任命为郎中。张衡叩谢天恩，收拾行囊，即将踏上新旅程的他，心中却满是悲戚。

  四年之前，随着鲍德出任大司农，留居南阳的张衡开始了他闭门读书的日子。与昔日在洛阳太学研读经书不同，张衡将更多的时间花在了天文、历法、数术之学上——八年的主簿生涯让他更加确定，自己不想成为一名经师，而更想成为一个"有用的"杂学家。

  从永初二年起，车骑将军邓骘便屡次派人来邀请张衡出仕。据说鲍德回到洛阳后，命人将《二京赋》誊抄多份，赠给了许多雅好文辞的达官贵人。他们读过一番，无不折服于张衡的才华，纷纷想将他收入幕中，而权势煊赫的邓骘是其中采取行动的第一人。

张衡拒绝了他。他深知，这位当朝太后的兄长拥有惊人的政治能量，如果有他的推荐，自己的仕途一定更加顺遂。然而，张衡心中以辞赋求取功名的愿望却似乎随着《二京赋》写竣而消弭了，他固然仍在作赋，仍在文辞的大海中遨游，但他并不想成为一个夸饰繁华的文学侍从，他认为自己有更重要的事要做。

之后三年间，张衡精研天文数术一事也在京师洛阳成为了一条有趣的传闻。旧识们议论纷纷，感慨昔年那个离经叛道的张平子终于回到了追寻上天之意的正途中。但有一人却有不同的看法。

崔瑗此时闲居洛阳，他当年为兄长报仇杀人，一度浪迹天涯，后逢延平元年大赦，他终于回到了阔别数年的京师，虽然已是一介白身，但他每日读书习字，倒也逍遥。早听闻鲍德与张衡在南阳城的功绩，崔瑗对这位老友既钦佩又思念。近来听闻他钻研天文，崔瑗想起了自己与张衡一同向贾逵请教天象的那些夜晚，不由神思飘荡。他提笔作书，寄与张衡，劝他早日归来，一展才能。

接到崔瑗书信后，张衡喜悦良久，但紧接着，一则噩耗也从洛阳传来。大司农鲍德因为累年积劳，逝于任上。张衡恸哭数日，茶饭不思，想起共事八年的点点滴滴，他还来不及再作一篇妙赋寄与鲍德，往日知音就这般天人永隔，实在是人间大苦。张衡提笔研墨，写下了《大司农鲍德诔》，没有大赋的华美恣肆，短短的一篇诔文，却让张衡的心一遍又一遍地抽动着。

京师洛阳风物依旧，而人事却已不见当年踪影。新任郎中张衡，在拜会过各方主官后，最先去探望的自然是旧友崔瑗。阔别重逢，执手泪眼，自不必说。崔瑗却问起了张衡近日究竟在读些什么书。

"日夜在读扬子《太玄》。"张衡答。

崔瑗一怔。《太玄》是扬雄仿照《周易》所作的一部书，讲的是天、地、人间玄而又玄的道理，读来甚是晦涩。

"不瞒子玉兄，我还在为《太玄》作注。我以为这书了不得，讲天地阴阳讲得很深刻，并非执着于印证经典，而是拓展新的世界。单是这一点，便高出经注家不少。古时有五经，我大汉有《太玄》，本来就是一般的道理。"张衡解释道。

崔瑗闻言大笑，果然十余年过去，眼前这人仍是不寻常。"曾闻平子兄幼时在塾中听先生讲《甘泉赋》，恐怕从那时起，你便看扬子云与众不同吧!"

"子玉兄知我。"

东汉的郎中是侍从官，平日陪侍中枢以备顾问，却往往并无专务。张衡任职之余，依旧潜心钻研，其用功深沉，为同僚所钦佩。权势仍盛的邓骘也对这个昔年曾拒绝过自己征召的奇人抱有微妙的信任，甚至特意邀请他同一众宿儒一齐议定朝堂礼仪——恩宠之意，可见一斑。

张衡读书之余，也寻得了一番新事业。一日，张衡随天子车驾出行归来，同僚对他讲了一则旧闻。说当年在西京长安，天子出行时总会携带一辆异车，称"计里车"，车有上下二层，每层各有木人，手执木槌，车每行一里路，下层之木人敲鼓一下；每行十里，上层之木人打铃一声，随车之侍从记录声响，则出行之里程清晰可考，待汉室东迁，造此车之法便佚失了。

张衡听了，兴趣盎然，他忙去典籍之中翻览旧事，欲觅得图样，再造此车，然而一连月余，仍一无所获。这日他去拜访崔瑗，遇到了一位同去作客的儒雅青年，一通名号，道是扶风马融马季长。马融是名将马援的从孙，挚恂的女婿，现任校书郎，他经典娴熟、言行优雅，年纪尚轻便有了博学宿儒的影子，张衡对他极是欣赏。三人聊起"计里车"，马融只说在校书时不曾见过此物。

"但故老相传，恐怕也非虚假。"马融道。

"大概图样一类，都在西京焚毁了。"张衡惋惜道，"此物神奇，倒真想亲眼一睹。"

"这便能难倒平子兄了？"崔瑗道，"既已知道模样，何不亲自一试？"

三人聊起"计里车"

"是啊，为什么不呢？"张衡感到一扇大门被推开了。从这一日起，他便如着魔一般开始了思考与制作。在闭门读书的四年间，观察机械本是他平日调剂身心的乐事，毕竟，在时人眼中，这等匠人手艺，绝非读书人所应着意的，这太具体了，太脱离天地之道、治国之术了。然而张衡却对这样的见解抱有一些不安，如若读书之人不能将天地之道、治国之术融会于具体的言、行、事、物，那所读之书，所思之道又有何益呢？如果付诸言行是人臣的正途，那为何投之于物就是微末之事呢？似乎道理并不能讲得清通。

　　张衡的居所仿佛化成了工场，每日从中传来叮叮当当的声响。崔瑗与马融有时前往作客，总要从千奇百怪的人偶、木条、轮辐中穿过，方才能在角落中见到专心致志的张衡。

　　"张平子这等本领，你我二人是赶不上喽。"马融对崔瑗感叹道。

　　崔瑗提起一只人偶，只见人偶手中的鼓槌尚在不断摇动。

　　"平子兄天大的本事！"他呼道。

"不敢，这些活计，我可请了不少工匠帮忙。"张衡忙解释，"这计里车，原理倒是简单，车轮向前，一圈便是周长，周长累积到一里，牵动人偶便可。《算经》称'周三径一'，我量定车轮之径，按此法计算，却始终失准。我倒是有一猜想，这'周三径一'之数，是否会有些问题。"

崔瑗不通算学，忙向身旁马融望去。马融捋须细思片刻，却提起一桩往事："平子兄可曾记得当年律嘉量之事？"

张衡猛然站起，呼道："是了！"原来王莽秉政时，学者刘歆曾为了在"龠、合、升、斗、斛"这五种量器之间统一换算，铸造了一种圆柱体的新容器，称为"嘉量"。在设计铸造中，刘歆已意识到"周三径一"之律并不确切，为了让自己的新容器准确无失，他使人反复尝试，归纳出了新的周率。只是随着王莽篡汉，刘歆当年铸"嘉量"的资料皆毁于兵火，故他所测的周率也未能流传开来。

既然有过一次成功的尝试，那必然会有第二次，制计里车如此，重测周率亦如此。张衡再一次忘我地投入到计算与制作中去。

春去秋来，已经是永初七年（113）的秋天，张衡扑在计里车上已经一年有余，虽早已不似当初着魔，但他却似乎在这"奇技淫巧"中，获得了意想不到的思考。这日马融从市上买了新下的石榴果，邀张、崔二人往家中品果游艺。崔瑗先到，两人一番畅谈，却不见张衡身影，正纳罕间，见他匆忙而来。

"平子兄好贵客。"马融打趣道。

张衡慌忙告罪。他今日前来绝不单单为了石榴果，更是要将一桩大快意事告知两位好友——"计里车终于制成了。"张衡宣告道。

崔、马二人连声称贺，崔瑗便要启程往张衡宅中一观成品，张衡却拦住了他，道："不忙，还有些浅见想请两位贤兄一览。"只见张衡从袍袖中抽出一卷书来，展开看，只见卷首端端正正地题着"算罔论"三字。

见是数学之书，崔瑗不禁挠头，马融却兴致盎然，端坐读了起来。说是一卷书，其实不过一个篇章，张衡在尝试制作计里车的过程中，不断思考着改进周率算法的办法，悠悠一载，终于有所突破，他以为"周率十之面，开方除之。"以后世之语言之，即将十开平方，所得即为周率。马融初见此结论，不由一头雾水，但仔细品读张衡之推演，却又如曲径通幽，令人心神系之，手上一卷书，无论如何不愿放下。

张衡与崔瑗却早已破果而食，二人随意闲谈，不时向马融望去，却见他脸色一时凝重一时舒朗，变化无端。张衡心头得意，崔瑗只是狐疑不解。一个多时辰过去，马融终于长叹一声，放下了手中的《算罔论》，对张衡拱手道："佩服佩服！"张衡连声称谢，却听马融续道，"还有几处不解，请平子兄赐教。"张衡心中一凛，如此说话，恐怕是发现了书中的错讹。"不忙一时。"他笑道。

时至傍晚，意兴渐散，马融重将《算罔论》取出，秉烛而论，自不必谈。

永初八年（114），张衡被任命为尚书侍郎，专门研究天文历算。据说新制的计里车颇受少年天子的喜爱，邓太后也第一次记住了张衡的名字。按后世的传说，在担任郎中的三年间，张衡除了计里车外，还制成了可以飞行里许的自飞木雕、测量日影的土圭，还有指引方向的指南车。其中恐怕多有虚妄之语，然而张衡精善机巧的名声隆盛，却也可见一斑。

次年，他又升任了太史令。太史令的职责是执掌天时、星历，每年岁末，要献上新年的年历；每当国家有祭祀、大婚等典礼，要负责挑选吉日；每当国家有祥瑞与灾异，要负责记录。"这职务，确实适合我啊。"张衡自嘲道。对灾异祥瑞的学说，张衡虽素来怀疑，但知识上的掌握，却同样娴熟。如今，他有更多的机会与这些学问来个"正面交锋"了。

三十八岁的太史令张衡正值壮年，他谨慎地维护着国家的历法——这是一项枯燥又艰难的工作，大量恒常的计算与对突如其来的偶然的追寻汇作一体，带来一个又一个意想不到的麻烦。对天文历法多年不断研究让张衡可以从容担起肩头的重任，但有悠闲时光制造机巧的日子却也一去不返了。

说来奇怪，张衡在担任太史令后，却对山川大地有了更为浓厚的兴趣。在汉人看来，天上的星宿总是对应地上的州郡山川，天地之间便这样形成玄妙的共鸣。"然而星宿随着季节不断变化，地理却稳定得多。"张衡心里说。太史令的职位让他有了更多机会接触到深藏宫廷的图籍档案，读着读着，河山郡国的分布也在张衡的心中愈加清晰了。他不时会回忆起同鲍德初回南阳时一同考察淯水时的情形，当年鲍德曾讲，"只一条淯水，周边地形便复杂如此，若是汉水呢？若是江、河呢？当年大禹治天下之水而为圣王，道理也在其中啊。"

圣王之事，渺茫难求，眼前倒有些实事可做。凭借着宫廷所藏图书，张衡意欲画出一张天下的地形图。往日的地图，大多以州郡城池为主，绘及山河时，总是仅存大要。张衡这《地形图》可不一般，它以山川为主体，对地势的高低俯仰尽可能地加以描绘，虽然所据粗略，但终归能有一番妙用。草图绘成，张衡更对《地形图》精心修饰、添附注文，幅面虽宽广，却一毫一厘皆工巧丰盈。数百年后，唐人张彦远在《历代名画记》中列有后汉名画家六人，居于首位的便是张衡，传闻这《地形图》

流传久远，在唐代仍可目睹。

　　"只盼日后更能亲身踏遍天下山河，将这图绘到详实精准。"张衡祈愿道，他心中倒也知晓，这愿望恐怕是无法实现的。

　　适逢朝会，张衡将《地形图》敬献御前，群臣称赞，天家大悦。然而，了却一番事业的轻松感却并未在太史令的身上持续几日，谕旨传来，一项巨大的挑战来到了张衡面前。

　　从上古至于大汉，善言天事者有数百人，然而"天"究竟是如何的，却大致分作两种学说。

　　张衡昔日在洛阳太学中读《周髀算经》，见有盖天之说。何谓"盖天"？便是"天似盖笠，地法覆盘，天地各中高外下"。按这般解释，悠悠之天本作穹形，覆盖于大地之上，大地亦作穹形，两穹之间相隔八万里，便是此广大世间。北极是天穹的中央，日月星辰绕之旋转不息，而日月星辰之出没，实际是远近之别，行至渺远之处则不可见，轨迹稍近，则渐渐可现光辉。正如一人手持火把，夜行于途，相去十里，则火光不可见，并非火把熄灭，而是距离过远，目不可睹，日月生落，亦是此等道理。张衡初读此说，大为服膺，但其中还有若干不解之处，便去求教贾逵。

贾逵却问了他一个问题："按此说法，一年四季，太阳可是同样的远近？"

"不然，按《盖天图》，太阳之轨迹有七衡，冬至时在外衡，夏至时在内衡，春秋分在中衡。"张衡答。《盖天图》是按盖天说绘制的旋转星图，分青、黄二层，青图所绘为可见之星域，黄图所绘为诸天星宿，青图不动，转动黄图，则可见一年间日月星辰之变化。

"你既知《盖天图》便好，且去演算一般，春秋分日之昼夜长短如何？"

张衡一头雾水，两分日昼夜相等，自己早心知肚明，又何必再算？然而师命难违，他取出《盖天图》稍加推演，却惊讶地发现，在此图上，二分日之昼长仅略长于夜长之半。张衡大为惊骇，再次推演，结论却仍是一样，他不由涔涔汗下。第二日，他将前夜之事告知贾逵，贾逵缓缓道来一桩旧事，原来昔年扬雄扬子云也笃信盖天，但他后来玩味

《盖天图》，却见有多处不妥，仔细思量，提出了八个问题，称为《难盖天八事》，从此摒弃此说，改信浑天之说，而贾逵所问之事，便是《难盖天八事》中之第二事。

扬雄所改信之浑天说，本是汉代的官方学说。汉武帝时，旧日的历法已经错漏颇多，不堪使用，太史令司马迁上书，盼皇帝网罗天下专门之人才，辅助修订历法。而这所求之才中，最为出众的便是落下闳。落下闳是蜀人，精擅天文，他与邓平一道制定新历，其准确严密，远胜他家之方案。制历之余，他还设计铸造了一种被称为"浑仪"的天文设备。他认为，盖天说以两个穹形来描述天地是全然错误的，真正的"天"应当是浑圆若球的，整个大地都被这天球包裹于中。浑仪所模拟的，便是这天球的样子，故老相传，以"浑仪"演示周天运转，最为形象易览。然而，落下闳的浑仪早已不知踪迹，其制法亦渺茫难求。今日太史令张衡所接到的任务，便是复原这浑天仪。

观测星象，明晰天理，是汉家天子永远的愿望之一，天子是天下臣民的主宰，大地上的事，总有数不尽的眼睛帮他查看。然而，真正的圣王应当是上通天心的，知悉日月星辰的变化，洞察其中的天命与天意，方能描绘出玄妙的自然秩序，为这个广袤的帝国求得更多的福佑。因此，从汉帝国建立之初，制仪器、绘图表来演示诸天星辰，便是历任皇帝分外属意之事。汉章帝刘炟在位时，便曾令贾逵再制浑天仪，贾逵观测天象数年，提出二事，一是测算日月之轨迹必以黄道为准，二是月行有迟疾之别。前者为仪器的设计定下了标准，而后者则为测算增添许多"必要的麻烦"。和帝继位后，贾逵辅弼军国大事的任务更重，更兼身担修订历法的要务，这制作"黄道铜仪"的任务便耽搁了下来，直至贾逵仙去。

张衡昔年听贾逵讲过"黄道铜仪"的要领，然而原则虽定，工夫还需千万。

"满天星辰，不可遗漏。"这是邓骘对张衡提出的要求。邓骘文武全才，庄严威仪，位高权重而并无跋扈之气，张衡初次面见这位大人时，便生出了几分仰慕之心。邓骘允许张衡将其他的工作暂且交给手下官员处理，制浑天仪一事，务必心无旁骛，在他看来，这桩天文上的盛事，将是宣告当朝美政的好机会，这位素来有奇才之名的太史令，多半能给他一个惊喜。

张衡暂且辞谢了邓骘的其余赏赐，只向他求了几名宫中的能工巧匠作为助手，而从那天起，他便仿佛在这洛阳城中消失了。

"满天星辰，说来容易。"张衡笑道。仪器的制作不急于一时，完善星图才是首要之事。观星之记录，由来已久，但不同官员的记录不时会有出入，错讹乖谬之处，亦不可胜记。张衡花了整整三个月的时间翻检昔日的灵台档案，努力想用他们拼凑出一幅完整的图景。

但这做不到。记录的疏失要用双眼去填补，太史令张衡过上了昼夜颠倒的生活。每日繁星初上，他便静卧于台，将所见星象一并记录下来，又交予助手去与原有的记载、星图相对照，勾画差别，纠谬补缺。

这一日，张衡正如往常一般观星象，忽然感到一阵难以遏制的疲惫，深邃的星空仿佛要将他的魂灵摄去一般。他慌忙起身，却感到坐立不宁，似乎有些什么特别重要的事情，被自己忘记了。他自知今日心绪已乱，呼助手来接替位置，自己则踱回书房，想要读几卷书来安宁心神。恍惚之间，他去架上抽出一卷简策，摊在案上，却是许久未曾读过的《太玄》。

"当年还想为《太玄》作注呢，谁料数年过去，早不得闲。"张衡感到了一阵惆怅。"驯乎玄，浑行无穷，正象天。"《太玄》的首句便提出了"浑行无穷"的观念，然而何谓"浑行"呢？看似简单的问题，张衡此时却愈发拿不准了。他一行一行地读下去，扬雄对天地万物的大眼光依旧令他倍感震动。他仿佛在一座庞大的园林中行走，移步换景，景色无穷，但似乎没有任何一个角度，可以将整座园林尽收眼底。他拖着疲惫的身体，探索着，寻找着，喜悦与焦躁在他的心中一同生长。忽然，仿佛一声惊雷，张衡猛然惊醒，抬头看，原来日已东升。这一刻，他似乎明白了什么。

观测星空的工作已然继续，张衡却让自己站得更高了。他意识到，要将这浑天仪制好，必然要建立起对整个天地宇宙的更统一的认识。将万物之间的大道明了，日月星辰的运行才能清朗明晰。就这样，无穷的计算、无尽的观察、无限的思考，张衡哪一个都不能放弃。

邓骘不时派人来到太史令府中，询问张衡浑天仪的进度。但每次得到的都是"兹事体大，不可操切"的回应。与张衡不同，他的朋友马融对邓骘颇有怨言。元初三年（116），马融写了一篇《广成颂》献给天子，以规谏过失。邓太后读了此赋之后，大为光火，下令将马融的官衔永定东观，不得升迁。马融口中讲着东观校书本亦乐事，然而，心中还是颇为怨恨郁结的。邓骘深知张、马二人关系非凡，特意遣使来安抚张衡，张衡口称惶恐，心中却也不免有些自危。

为了应付邓骘的催促，张衡决定先用竹木制作一个浑天仪的模型，号称"小浑"。其法度大抵按贾逵当年的构思设计，先塑成黄道，次编制天球，再点缀星体——只是"小浑"上的星体不过数十大

他意识到，要将这浑天仪制好，必然要建立起对整个天地宇宙的更统一的认识。将万物之间的大道明了，日月星辰的运行才能清朗明晰。就这样，无穷的计算、无尽的观察、无限的思考，张衡哪一个都不能放弃。

星，与邓骘所求尚远有差别。

然而邓骘对此是满意的。"小浑"虽然简陋，但已经可以看出优雅和谐的体系，比起星体的齐备，他对此事其实更为在乎。

"我给你一年期限。"邓骘道。张衡明白，眼前人的威仪是不可违背的。

张衡感到自己回到了制作计里车的日子。之后数月中，他不时仰卧于地，一双手在空中指指点点，助手初时以为他害了病，十分恐惧，后来才知道，他在用自己的手臂与食指模拟小小的一片星空。夜色渐深时，他总是伏在案旁，面色凝重，口中念念有词，不时提起笔来，记下些什么，却又紧随着眉头紧锁，取刀将写下的文字大半削去。

崔瑗与马融仍然不时前来拜访。

"平子兄，你可瘦削了不少。"崔瑗关切地说。

张衡只是摇头。焦虑的太史令与忧愁的校书郎，崔瑗夹在二人中间，也有些茫然无措。张衡倒是着意让崔瑗也参与到浑天仪的制作中——这几年，崔瑗不断进入不同达官显宦的幕下，但始终不能得志，倒是他的书法功力日深，渐渐已成大家。张衡向朋友讲述着自己的思考，最初还应答自然，不多久，便成了他一人的演讲，崔、马二人只是静静地望着他将数不尽的观念与筹谋一并倒出。二人心中也明白，积土成山，命运的蛟龙也即将飞到这太史令府中。

这一日，助手正在核对星图，忽听得张衡爆发出了一阵畅快的笑声。——之前三日，他都将自己关在堂中，几乎粒米未进，助手十分忧虑，本想着今日再见不到张衡，便硬冲进去，一探究竟。却听张衡大呼，叫助手速去取绢帛来。"成了！"助手心中暗想。

只见形容憔悴的张衡提笔在绢帛上写下了一段话：

> 浑天如鸡子。天体圆如弹丸，地如鸡子中黄，孤居于内。天大而地小。天表里有水，水之包地，犹壳之裹黄。天地各乘气而立，载水

而浮。周天三百六十五度又四分度之一，又中分之，则一百八十二度八分之五覆地上，一百八十二度八分之五绕地下，故二十八宿半见半隐。其两端谓之南北极。北极乃天之中也，在正北，出地上三十六度。然则北极上规径七十二度，常见不隐。南极天之中也，在正南，入地三十六度。南极下规七十二度，常伏不见。两极相去一百八十二度半强。天转，如车毂之运也，周旋无端，其形浑浑，故曰浑天也。

制浑天仪，首先要解释的便是何为"浑天"。张衡做了一个巧妙的比喻，所谓浑天，便如一颗鸡蛋，天便是蛋壳，地便是蛋黄。地被天牢牢包裹，气与水承载着天地。整个"天"是一个大球，一半在大地之上，一半在大地之下，因此周天二十八宿，始终半隐半现。然而黄道、赤道并不重合，北极、南极各有高低，日月星辰循着各自的轨道，在天球上轮转不息，周周旋旋，路径浑然，因此称为"浑天"。助手看在眼中，心下钦服，只二百余字，张衡便将"浑天"的要领解释得清晰明确。只见张衡继续运笔如飞，什么赤道、黄道、南极、北极，一个又一个的概念被张衡提出来，讲清楚，一组又一组的数字被他破竹一般地推演明白。助手不愿打扰奋力写作的张衡，轻声告退。出门时，天色已晚，抬头望朗朗群星，他忽觉得这些闪耀的光体仿佛被无形的丝线串在了一起，而这些线的一端则悉数被收揽到了身后厅堂里那位憔悴中年人的手中。

浑天仪的图样已然写定，铸造铜仪指日可待。邓骘早已遣人在南郊灵台旁修造密室，只待这神秘而巧妙的仪器大功告成。

张衡亲身投入到浑天仪铸造的每一道工序中，在他看来，这仪器非但要能显示星空，更要能展示星空。他一面细致地确定每一颗星在天球上的位置，更设计了以水驱动的机括，让这天球可以转动不止。

"天权星需向北挪动一分。"

"氐宿诸星务必再核星图。"

"地平之环务必转置牢固，切不可有失。"

"漏壶必要调试妥当，尔等当反复计数，不可有毫厘之差。"

此时的张衡不但是一位严苛的督工，更是一位手艺超凡的大匠。他以一双慧眼一双妙手，像镶嵌珍宝一般，将整个天空严丝合缝地安放在了巨大铜球上。张衡手下的工匠，平素皆为天家劳作，什么奇门工巧不曾见过？然而他们看着这浑天铜仪不断成形，还是在心中不断发出无声的惊叹。

"这天地真的是这般样子吗？"一个强健的年轻工匠转身问向他身边的长者，"我从来听说天圆地方，天似穹隆，难道真的是这圆球模样？"

"谁知晓呢？"老工匠道，"不过，我看这张令了不得！你看他对着那天上星星如数家珍的模样，真是有神人的姿态啊！"

两人悄声议论着，言语间对张衡有着说不清的敬畏。

浑天仪终于铸成了。

铜仪是国家的珍宝，汉安帝自然要来亲自观

看，邓骘也携朝中重臣齐赴灵台，要一览这素有奇才之名的太史令张衡的杰作。

密室开启，只听得水声潺潺，端放着精致的铜仪。这铜仪通体作球状，以四分作一度，周长计一丈四尺六寸一分。铜球即是天球，上面清晰刻划着四百四十四官二千五百颗星，颗颗分明，状若缀珠。贯穿南北两极，有一支可转动的极轴，黄道、赤道上则分划二十四节气，以定一年周期。天球之外围有一道水平铜环，以示地平，又有两道纵环与地平相垂直，夹在极轴二侧，其与地平环相交之处，可示观测天象的京师之方位。天球转动，若球上之星体露出地平环以上，便是星出；若正落在纵环上，便是星中；而落入地平环以下，则是星没。铜仪上又别设七曜之灵轨，所谓七曜，即日月与荧惑、辰、太白、岁、镇等五星，日月周行、星辰变换，至此演示得详密分明。

铜仪之机密，远不止于此。安帝与众臣发现，这铜仪居然在自行运转，君臣大为惊异，忙召张衡来问。原来，张衡为浑天仪设计了一种名为"瑞轮蓂荚"的机括。古有神话，称有一种叫作"蓂荚"

的仙草生长在唐尧的居室阶下，随新月而出现，日生一荚，至满月时长满十五荚，此后每日落一荚。如此，只需细数荚数，便可知一月之朔望。张衡的"瑞轮蓂荚"，便是要这浑天仪能够如"蓂荚"草般，随着日月盈亏，依历法开落。此事何其难！张衡采用的办法是以流水作为铜仪转动的动力，他将计时的刻漏至于殿上，漏下打孔，使水均匀流下。刻漏下有承水之壶，壶中有浮子，浮子上系有绳索，绕过天球之极轴，与一平衡重锤相连，壶中积水，浮子上升，平衡锤下降，绳索牵动极轴，使天球转动，只需不断添注清水，铜仪便运转不息。

听了张衡的讲述，汉安帝大为赞叹，他二十出头年纪，少年心性尚存，对这些技巧之事颇为好奇。然而在时人眼中，工艺技法却是远离大道的，作为天子，不应对它们露出过分的兴趣。不过今日，汉安帝倒想将这一番道理问一问眼前的太史令。

"听闻先哲首务，在于佐国理民、性德体道、笃行安仁。今观卿技艺，委实惊巧，然世人多称此等学问为'支离''孤计',不知卿作何想?"

张衡大为惊异,他不知天家心意,还道是对他耽于技巧有所不满。但他迅速平静下来,义正辞严地表态道:"臣闻,不患位之不尊而患德之不崇,不耻禄之不夥而耻智之不博。故技艺可学而行可力也!""技艺"是有益于天下的智慧与能力,真正德性高尚的人,又怎会眼光狭隘,执于偏见呢?

这话正中汉安帝心怀,众臣见天子面有喜色,亦纷纷赞许张衡的应答。张衡虽仍忐忑不安,确也意识到此番绝非祸事,他忙趁此向天子告明,自己还撰写了一篇《浑天仪注》,可辅弼铜仪的使用。天子听了,忙唤他呈上——原来,这正是当日张衡书于帛上的原理方案。天象铜仪的道理繁复异常,汉安帝一时自然不懂,但他隐隐感到,其中的奥妙当牵涉着更为宏大的思想。

浑天仪的落成,让张衡成为了一时的风云人物,朝堂上的群臣,太学里的诸生,无不想一窥其中奥秘,然而太史令张衡却选择了闭门谢客。

铸造铜仪的压力与疲劳并没有让张衡停下自己

的思考，相反，任务的完成让他的一颗心飞向了更为广大的天地。在勾画星图的日日夜夜，张衡似乎对这广袤宇宙看得愈加明了清晰，许多见识虽不能在浑天仪中体现，却早已在他纷繁的思绪中引燃了一场烈火。

昔日扬雄作《太玄》，意图发现天地人间的奥妙，这等雄浑的气魄，让张衡赞叹不已。而今天，他要追上前贤的脚步，虽不能说尽天地，但将上天诸星的道理讲出，也遂了他的心愿。

"道根既建，自无生有。""有物浑成，先天地生。"张衡将这天地的来源娓娓道来，他说，天地生成之前，是幽玄虚无的，天地初开，是混混沌沌的，逐渐阴阳分开，才有了天地分别、日月五星。"天地分别之前的事，谁有曾见闻呢？"他仿佛听到有人发问，张衡笑一笑，却不作应答。

那么这天地有多大呢？"八极之维，径二亿三万二千三百里。"张衡仿佛回到了灵台，努力用自己的双臂揽住铜球，那铜球之径不过五尺，而真正的天球，其径远超人们寻常想象的极限。张衡感到自己仿佛化身巨人，环抱着真正的天球，无数光

铸造铜仪的压力与疲劳并没有让张衡停下自己的思考，相反，任务的完成让他的一颗心飞向了更为广大的天地。

体在他的身前盘旋，绮美不可方物。

　　紧接着，张衡的视线凝聚在了最为明亮的日与月上。"悬象著明，莫大乎日月。其径当天周七百三十六分之一，地广二百四十二分之一。"天周，便是日月周行的轨迹之长度；地广，便是无垠大地的实际直径。当年写作《算罔论》时，张衡便在心中盘算，既然周率可以重新推演，那么天周地广之比，岂不是也要重新计算？在马融的提示下，他已意识到自己曾经"周率十之面，开方除之"的结论仍显不确，但他不再想于单纯的数学讨论中解释这个问题，他要将整个天地作为自己计算的舞台！他一面在抽象的图形中演算着规律与成数，一面不断将自己的发现推而广之，在无穷大数中奋力凿空。什么天与地，不过是周与径，算至精深处，张衡感到眼前的世界都失去了色彩姿态，只余下粗朗的框架，昔日庄子讲庖丁解牛的故事，今日张衡终于真切理解了其间的道理。

　　"当日之冲，光常不合者，蔽于他也，是谓暗虚。在星星微，月过则食。"写着写着，张衡的思绪回到了永元七年（95年）的太学中，当年的一场日食，似乎冥冥中改变了南阳青年的命运。但他终归是不满于灾异谴戒之说的，在张衡的天球中，容不下一个自在的主宰者。在对日食一事的认识上，启发张衡最大的是汉元帝时奉旨校对藏书的中垒校尉刘向，张衡在翻检旧籍时偶然读到了他撰写的《五经通义》，刘向在书中写道："日蚀者，月往蔽之。"短短七个字，在张衡的头顶炸响了一声惊雷。在星图的推演中，张衡发现，总有一些时刻，日月的轨迹会交叠在一起，月行蔽日，投下地影，张衡为这些特殊时刻，取了一个名字叫做"暗虚"。

"这大概便是日食的真正成因吧。"张衡心道，他本欲计算"暗虚"的规律，但其时间变化无方，张衡琢磨数日，便决心先完成眼前之书。

"众星列布，其以神着，有五列焉，是为三十五名。""文曜丽乎天，其动者七，日月五星是也。""方星巡镇，必因常度，苟或盈缩，不逾于次。"仿佛在《二京赋》中铺陈宫室殿宇一般，仿佛在《地形图》中描绘山河都会一般，张衡再一次感受到了头脑中的见识思虑倾泻而出的快意。群星在他的指掌间运转着，天地在他的心胸里铺展着。张衡大概不会知道，这篇即将问世的，被称为《灵宪》的天文著作，将如何启迪着一代又一代的观星问天之人。

夜晚到来。浑天仪旁的侍者在礼官的指令下唱起了悠扬的诗章。哪颗星即将初现？哪颗星正在天中？哪颗星即将隐没？悠悠转动的铜仪在向他们讲述着这些本来玄奥无比的消息。灵台上的观星者不时传来音讯，星空的运转正与这太史令的妙手造物完美契合。歌声愈响，高雅的曲调歌颂着上天，歌颂着天子，歌颂着浩瀚星空，歌颂着人间帝国。这歌声仿佛一路向北飘荡，传到了幽静肃穆的宫城，传到了灯火未熄的太史令府中。

功成地动仪

汉顺帝阳嘉三年（134），洛阳南郊灵台，一颗铜珠从龙首中吐出，落在下方金蟾口中，发出了一声沉闷的鸣响。时值隆冬，朔风正盛，这铜珠的声音虽不甚响亮，却如飞石激水，荡起了巨大的波纹。看守灵台的礼官神色大变，他匆匆嘱咐了左右两句，便策马向北面的宫城奔去。北宫的凤阙在冬日干冷的天气中愈加分明，它威严地矗立在那里，仿佛在冷眼俯瞰整个国家的兴衰治乱。"地动仪发动了，是西北方。"一则消息很快在宫城中传开，侍中张衡听到了，不由忧虑万分。

浑天仪铸成后不久，汉安帝下旨调张衡为公车司马令。公车司马令是执掌宫阙南门"司马门"的职位，来自天下四方的文书与供奉进入宫城时，都需要先经过司马门的审查，这一位置可谓要害。但这官职却绝非张衡所乐意求取的，他忙去向同僚打探原委，却道是邓骘意欲将张衡揽为心腹，因此特意挑选了这个"要职"给他。张衡本欲推辞，却想起了马融故事，不由犹豫了起来。

很快，邓骘多次邀请张衡往府中谈论学术与大政，二人皆出身南阳，本有一乡之谊，邓氏一族权势煊赫，张衡自也不愿与之生出嫌隙，因此谋划辞章一类的事情，便也替邓骘做了不少。"邓骘党羽"的身份却也在朝野议论中添到了张衡头上，张衡心中叫苦，却也束手无策。

然而，未待张衡习惯自己的新角色，风云骤然变换，邓太后病故，汉安帝尽数罢黜了邓氏一族，悲愤绝望中的邓骘绝食自尽，万丈高楼轰然倒塌。张衡虽未受此事直接牵连，然而朝为显贵，暮丧黄泉的险恶局面，还是让他脊背发凉。讽刺的是，邓氏一族的覆灭并没有让汉安帝能够乾纲独断，宦官与后族在混乱中抓取了越来越大的权力，朝堂之上，后宫之内，无休止的倾轧残杀，让隆盛的东汉王朝迅速滑向了全面危机。张衡看在眼里，心头却只有无奈，他如同秋风中的孤树一般，哪怕是自己的枝叶也难以保全，又哪有机会担得起栋梁之任呢？

延光三年（124），地震再一次侵袭京师洛阳及周边一十八郡。洛阳城墙现出缺口，宫室砖瓦脱落、壁生裂隙，城中官舍、民宅更是破损严重。汉安帝大为愠怒，怒斥群臣失德，不能辅佑天子，令上天降祸。不料，更大的麻烦还在后面，从地震五日后起，一连月余，南方各郡报奏灾情的文书雪花一样飞来：当地的震情要比京师更为严重，百姓死伤惨酷，家园尽为瓦砾，流离失所者化为寇盗，袭扰周边郡县。朝廷忙向未受灾害的郡县借调粮米，以为赈济，然而这又怎能来得及？危险的氛围覆压着洛阳南宫，汉安帝除了罪责官员之外，却也无能为力。

崇德殿的角落中，张衡望着憔悴失态的天子，瞥向神态悠游的外戚重臣，听着奏报中的人间惨剧，又想起自己当年在南阳城见到的震后情形，恩公鲍德昔日的落寞神态，他的思绪变得纷乱起来。

延光四年（125），汉安帝驾崩，年方十岁的汉顺帝刘保继位，改元永建。一众宦官因拥立之功权势熏天，朽败的气息充斥着东汉宫城。次年，张衡回到了他熟悉的太史令任上，此时他已年近五旬，银丝早早缠上了他的鬓边。"余五十之年，忽焉已至，永言身事，慨然多绪，乃为之赋，聊以自慰。"张衡在作《鸿赋》时，写下了这样一句序言。

"汩余若将不及兮，恐年岁之不吾与！"张衡吟咏着《离骚》，对楚大夫的心境，他似乎渐渐能体会真切了。典理司马门的几年间，为了身家太平，张衡写了许多颂扬功德的辞赋，进了不少陈词旧调的奏疏，但他心中明白，自己还是有些心愿要早日了结的。

"地动仪？这是何物？"崔瑗问道。

顺帝即位后，崔瑗被授予了汲县令的职务，不久即将离京赴任，他坎坷一生，在五十岁年纪却有了执掌一方的机会。张衡一面为旧友的际遇而欣喜，一面也为即将到来的分别感到悲戚。一年前，对宫中政事彻底失望的马融回到了故乡扶风，想要静心做一番学问，张、崔二人不舍之余，却也深觉这选择对马融最是适宜。如今崔瑗又将离去，故旧分别，滋味分外酸楚。这日张衡去往崔瑗宅中，一诉别情之余，也讲起了自己的心愿。

"这仪器可以指示天下八方的地震。"张衡道。

"这有何用处？灾祸已现，自然有各地官员上报灾情。"崔瑗颇感不解。

"不然，延光三年十八郡地震，各地讯息快马递来，却仍不免迟滞，赈济的良机被耽搁了不少。不同于水旱之灾，地震发生总是突然无比，靠郡国安排自救可是千难万难，哪怕朝廷能早一日半日知悉灾情，安排借调粮米也要从容不少，受灾之百姓也可少挨一番困苦。"张衡将自己的想法悉数讲出。

"那这地动仪难造吗？"崔瑗问得直接。

"只有一番设想罢了，不过想来恐怕并非易

事。"

"比之浑天仪呢？"崔瑗笑问。

张衡一怔，答道："不知啊不知！"

"平子兄居太史令职，既有此妙思，做便是了，又有何犹豫呢？莫非是钱粮工匠凑不齐备？"

"犹豫之关节，子玉兄岂能不知？可惜你我之间，亦不便明言罢了。"张衡神色黯淡下来。

崔瑗长叹一声，也不回应。原来，顺帝年幼，此时把持朝政的是孙程、王康为首的十九名宦官，称"十九侯"，他们假借天子名义横行霸道，四处安插党羽爪牙，动辄以大逆之罪铲除异己，群臣无不战战兢兢，唯恐招来横祸。黑云压城、灰埃蔽日，张衡所求虽不过洁身自保，但比起那些簇拥在"十九侯"左右的朝堂新贵，他已显得有些格格不入了。

"平子兄或可拜谒重臣，以求护佑。大司空张晧素爱良才，不如前往一谈？太尉朱宠雅好学术，大概也可仰赖。"崔瑗建议道。

然而这些居于高位者，又真的身家安全吗？十年来的变乱，让多少曾经权倾朝野者一夜间丧了性命？无论是贤是愚，在这宫城的涡流中，亦不过是挣扎罢了。

"路漫漫其修远兮，吾将上下而求索。"张崔二人把酒而谈，品读着前贤妙句，《离骚》中的这一句，张衡如今最是喜爱。"这路终归是要我自己走的。"酒至酣处，张衡感到自己一颗心仿佛又坚定了一分。

《国语》曰："阳伏而不能出，阴迫而不能蒸，于是有地震。"先有阴阳错位，再有山河不宁，这是历来解释地震的宗旨所在。那么，是什么导致了阴阳错位呢？自然是帝王失德，后宫乱政，奸臣当国。传说汉成帝时赵飞燕姊妹专宠，宫中阴气大盛，导致宫城之中发生地震，寝殿损坏。"何其可笑！"张衡感慨道，"凡地震发生，少则祸及数郡，多则数十郡，岂有专震一殿之道理？想来是殿宇失修，推诿罪责罢了，倒好好唬了一番孝成皇帝。"

张衡深知，要制地动仪，首先便是了解地震的原理；而要了解地震的原理，首先便是廓清种种附会。然而这哪里容易，上至天子、下至黎庶，整个大汉都把地震视作上天的惩戒，一个小小的太史令，又岂能独持异见？张衡知道，他需要暂且将心中的主见藏一藏，且在机械仪器上做一番功夫。

"若地动仪成，此次测得精准，莫非还是张衡能测阴阳天命不成？"他默默自嘲。

沉默的太史令调阅了数十年来宫中保存各地的地震记录，张衡虽本身即有史职，但这事却做得格外隐秘。毕竟，考察灾祸总会有追探失政的嫌疑，从为臣之道上这是应避讳几分的。越看便越惊心，张衡意识到，从汉安帝永初元年起，大汉域内竟发生了二十余次地震之灾！

"永初元年，郡国十八地震。"

"永初二年，郡国十二地震。"

……

"元初六年，京都郡国四十二地震，或地坼裂，涌水，败坏城郭民室。"

"永建三年，京都、汉阳地震，汉阳屋坏杀人，地坼涌水出。"

想起南阳的见闻，京师的奏报，看着眼前文字张衡又怎能不胆战心惊呢？看似简单的描述背后，是多少人命的丧去，多少家园的毁灭，多少动荡的发生，张衡只感到背上汗水涔涔而下，心中的愿望却更加坚定。

晚上回去，张衡昏昏入睡。梦中大震突来，黑气从大地的裂缝中喷出，发出野兽一般的咆哮，太史令府整个垮塌了下来，他奋力奔出，却发现面前是幼时的南阳街道，街上哭声连天，张衡茫无目的地奔跑着，背后的大地却不断开裂，陷下了无底的深渊。不知多久，大地变异渐歇。张衡停下脚步，发现旁边有一根赤色大梁，将一人从背后死死压住，他跑出施救，却发现那人竟长着鲍德的脸，他大为惊骇，再定睛，那人的脸却又变成了自己的母亲。张衡高声恸哭，却见远处一高大之物不断摇动，片刻间轰然倒地，那形状却是北宫德阳殿前的接天凤阙。张衡眼前一黑，转醒过来，自己还安然卧在床上。窗外暴雨如注，不时传来一声闷雷。

制地动仪，最大的问题便是如何感知微小的震颤。在既往地震记录中，张衡发现受灾的区域总是大体成一环形，居于当中则地震烈，处于边缘则地震微，正如水上波纹，从圆心推出，初时鲜明，远处则唯余涟漪。京师洛阳居于大地之中，哪怕地震发生在远方，也总有"涟漪"波及此地，但这涟漪有时人体已无法感受，必要精密的机械方能体知。

张衡最早想到的是水流，流水垂下，自然而直，但哪怕受到最轻微的影响，也会散至他处，若计测水流的变化，自可感知地动。然而张衡很快推翻了自己的想法，流水过于敏感了，哪怕微风弱气，抚掠而过，也会影响水柱的走向，以此为凭来造地动仪，未免每日示警，全无用处。

可见还是要用机括，然而青铜白铁皆沉重，如何让它们感知细微呢？这让张衡陷入了苦恼。

当年造浑天仪时，来自朝廷的压力让张衡昼夜难休息，星空作伴，图籍为侣，他虽满心焦虑，却也得以专心致志。如今已是知天命之年的张衡却格外怀念那段日子，他每日战战兢兢地浮于宦海，警惕着没来由的不怀好意的眼睛，心神早已疲惫，思虑的敏捷也已不逮当年。青灯之下，张衡依旧在思考着、计算着、设计着，一座仪器的种种细节，积土成山一般在他的头脑中构造起来，但这座仪器的心却依然空缺。

这一日，张衡正在府中养神——前一夜他思考地动仪之事入了神，不经意间便到了天明。忽然有信函送到，张衡拆开看，原来是崔瑗从汲县寄来。崔瑗在县令任上兢兢业业，带领百姓开辟稻田数百顷，又着力修造水利沟渠，应对水旱。当地耆老赞颂他道："上天降神君，锡我慈仁父。临民布德泽，恩惠施以序。穿沟广灌溉，决渠作甘雨。"张衡听闻此语，哈哈大笑，眼前仿佛看到了崔瑗的得意神色。"了不得！了不得！"他赞叹道，自己的这位旧友已有了当年"神父"鲍德的风采。

崔瑗在信中问起地动仪的近况，张衡长叹一声，提笔作信，笔下将崔瑗好好夸赞了一番，又倾诉了自己的困扰。放下笔，他心绪郁结，不能发泄，于是从壁上取下了平日佩戴的长剑，在庭院中舞了起来。剑风嗖嗖，剑刃倒映骄阳，张衡感到自己的身体迅速疲惫下来，心神却也渐渐清空。他收剑入鞘，转身挂回壁上，突然一阵疾风穿堂而过，

放下笔，他心绪郁结，不能发泄，于是取下长剑，在庭院中舞了起来。

那柄剑随风晃动了起来，张衡望着它，若有所思。

一支悬垂的都柱！灵明乍现，张衡感到一束光打到了自己身上，铜铁固然沉重，但若将它悬挂起来，便对震颤敏感百倍，而铜铁自有重量，又不会如流水般缥缈不定，这不就是感知细微地动的最好办法吗？张衡双手颤抖，一股神气直冲上头顶，他连忙回到案旁，开始了忘我的计算。

阳嘉元年（132）七月，太史令张衡向汉顺帝献上了自己的发明。宦官孙程、王康等人对这仪器全无兴趣，但顺帝年少，又怎愿放过这个开眼界的机会？又是灵台，又是皇帝携众臣前来观览，张衡恍若回到了浑天仪落成的那一天。然而物是人非，他心中的不安更胜当日。

只见地动仪通体由黄铜铸成，状似酒樽，径八尺有余。仪器顶上有凸起的盖子，四周表面刻有文字，又有山、龟、鸟、兽的花纹。仪器周围镶有八条虬龙，龙首分别朝东、南、西、北、东北、东南、西北、西南八方排列，每条铜龙都衔着一颗铜球，龙首下方则蹲着八只铜铸蟾蜍，张开嘴巴，仿佛等候着吞下食物。

"何方地震，对应龙首所含铜球便会滚出，落在下方蟾蜍口中，发出激扬响声，只需使人在灵台值守此仪，闻声检视，便可知地震发生的时辰方向。如此，便可及时筹措赈济，派遣吏员，以安宁国土、拯救黎民。"张衡解释道。

原来，张衡在铜樽内部设置了一个悬垂的都柱，下方设一小球，球位于八方龙首所对应的"米"字形轨道交汇处。一旦地震发生，都柱颤动，小球亦随之滚动，撞击控制龙口的机关，使龙口张开，衔珠掉落。这道理看似简单，实现却需众多构件，工艺亦需极为精密，张衡雕琢日久，反复试验，方致成功。

顺帝面带好奇，似乎对这大"玩物"颇有兴趣。却见站在一旁的王康面露讽刺，"鬼神不顺无德，灾殃将及吏人。张衡你好大胆，是以为我朝必失德而致地震吗？"他问道。

张衡慌忙叩称不敢，顺帝望着二人，也不知当作何言。

"依臣之见，这地动仪甚好。"不料孙程似乎

"何方地震，对应龙首所含铜球便会滚出，落在下方蟾蜍口中，发出激扬响声，只需使人在灵台值守此仪，闻声检视，便可知地震发生的时辰方向。如此，便可及时筹措赈济，派遣吏员，以安宁国土、拯救黎民。"张衡解释道。

站在了张衡一边，听他缓缓说道，"郡县守官，素来不乏胁灾自肥的，有此仪器，当可拆穿其诡计了。且此地动仪既可探知地震，自然有洞晓阴阳之大用，若偶有灾殃，陛下便可及时奖忠惩奸，以安天心，如此岂不便利？"

张衡听闻此言，陡然升起了不祥的预感，但他知道此时已辩无可辩，只得谢过了孙程。顺帝也颜色稍展，对太史令的奇机妙法赞赏一番。

御驾回銮，张衡仍留在灵台。在他心中，愿望达成的大喜悦上笼罩了一层厚厚的阴霾。

次年二月，正值初春，又是一场地震袭击京师，这场地震并不强烈，但洛阳城中还是发生了几处地陷。此次震灾正中即在洛阳，地动仪群龙吐珠，当当作响，值守之人但感脚下虚浮，树屋颤抖，又哪还用得到仪器探测？

然而，之后发生的事情远超张衡想象。朝会之上，顺帝对地动仪大加夸奖，称要晋升张衡为侍中，又提示他上对策论地震之事。他大为惶恐，不知背后是何缘由，但君命所指，自然不可推脱。

当年崇德殿，太学生张衡在汉和帝面前大肆非议天命警诫之说，名动一时。然而无论是张衡本人，还是这大汉朝廷都已今非昔比，他知道在这对策中自己该讲些什么。

　　"臣闻政善则休祥降，政恶则咎征见。苟非圣人，或有失误。昔成王疑周公，而大风拔树木，开金縢而反风至。天人之应，速于影响。……中间以来，妖星见于上，震烈著于下，天诫详矣，可为寒心。明者消祸于未萌。今既见矣，修政恐惧，则转祸为福矣。"

　　好一篇漂亮对策！多年任职太史令的经验，让张衡对天人感应之说同样精熟于心。地震嘛，自然是恶政所致，妖星显现，务必要改革过失，转祸为福。"这道理倒也不错。"张衡感叹道。《京师地震对策》呈上，张衡又受了一番赏赐，转任侍中之事亦成定局。侍中是宫廷的内侍官，平日即侍奉天子左右以备询问，往往由渊博宿儒充任，地位颇尊，张衡叩谢天恩，但隐隐仍觉不妥。

　　果然，几日后，名儒李固、张衡的旧友马融也相继上了《地震对策》，李固在对策中指明，造成这次地震的原因是朝中有"心腹之患"。一月过去，太尉庞参与司空王龚通通因地震免职，朝堂之上一时人人自危。平日铲除异己时，还需网罗罪行，如今只要安在地震头上，便可裹挟天威，倾轧斗争之随意，莫过于此。恐慌蔓延，群臣却将罪过记在了李固、张衡的头上——哪怕不是出于本意，这两人却混乱中得到了升迁。

张衡又一次感到了百口莫辩。自己一生心血凝成的伟大仪器，甚至还来不及发挥功用，便成了动乱朝堂的帮凶。张衡苦笑着，他决意暂且闭门深居、一言不发。

"哪里有地震？"

"京师西北安然无事，这地动仪恐是错乱了吧。"

"倒要看看这张平子作何解释。"

"欺世盗名之徒罢了。"

地动仪西北龙首衔珠子掉落已经三日了，然而并没有关于地震一丝消息传至洛阳，原本便对张衡抱有敌意的朝臣开始幸灾乐祸，他们盼着能将这位

"狡诈"的新任侍中打回原形。

风暴中心的张衡却言行一如平素，他对自己设计的地动仪是无比自信的，但真有地震发生岂是幸事？更何况，一年前的京师地震已经造成了朝中大动荡，若再来一番，后果怎堪设想。

"祸事！祸事！"

飞马驰来，从洛阳城南狂奔而入，见多识广的洛阳居民从这马蹄声中，便知又有郡县遭了灾殃。奏报入朝，原来是陇西发生了地震，山崩地裂，压毁了大片的城墙市集，详询地震发生的日期时辰，却与地动仪龙首吐珠的时间不差毫厘。

"卿之学，真是贯通天地，不让鬼神啊！"顺帝赞叹道。这日朝会散去，他招张衡详商地震之事。

"皆仰圣主之福。"张衡忙称。

"那依张卿看，此次是哪位奸臣引发了灾难呢？"旁边一人阴阴地问道，原来又是孙程。

张衡听了这包藏祸心的话，顿感急火攻心，气血翻涌，昏倒于地。

灵台的礼官将蟾蜍口中的铜珠取出，擦拭干净，按照侍中张衡的嘱咐，重新将它放回龙口之中。朔风拍击铜樽，呜呜作响，恍若悲鸣。

凄凉河间相

　　律历、卦候、九宫、风角，数有征效，世莫肯学，而竞称不占之书。譬犹画工，恶图犬马而好作鬼魅，诚以实事难形，而虚伪不穷也。宜收藏图谶，一禁绝之，则朱紫无所眩，典籍无瑕玷矣！

　　阳嘉三年（134）末，侍中张衡向汉顺帝奏上了《请禁绝图谶疏》。图谶是暗示吉凶盛衰的隐语图画，它们假托神仙圣人之语，实际多数是方士编造、甚至别有用心之人杜撰的政治预言。昔日光武皇帝起兵时，便自称顺应图谶，定鼎洛阳后，更是"宣布图谶于天下"，是以东都诸帝凡遇大政抉择，多半也要搜罗图谶作为选择依据。在别析谶言时，朝堂上常常横生枝节，邪佞小人也多居中渔利，张衡对这一传统痛恨已久了。但图谶究竟是祖宗之法，直言否定未免招来灾祸，因此张衡始终不敢将自己的看法直言陈上。

然而，他今日不再害怕了。倒不是有了了不得的庇护，正相反，张衡意识到，自己在朝堂上已成众矢之的，再做些出格之事也不会更糟了。

陇西地震后，刚刚任职一年的大司空孔扶与大司徒刘崎再次被免去三公之位，张衡不出意料地成为了群臣眼中的"罪魁祸首"，倍感冤屈之余，张衡上书顺帝，请求回归太史令旧职。

不许。

没有任何缘由解释，甚至没有面见天子一谈的机会，张衡被牢牢拴在了侍中任上，成为了一双无形巨手操握着的凶器。"刺人而杀之，曰'非我也，兵也'。"张衡想起《孟子》中的譬喻，哭笑不得。

"平子兄何不上疏请往东观校史？"马融建议道。马融此时已重获任用，即将赴任武都太守，武都是对抗西羌的前线，建功容易，获罪亦简单，即将离开京师的马融心头也是既踌躇满志又惴惴不安。曾经因见罪于邓氏而困居东观的他，向张衡提起了自己的伤心地，在他看来，这已是自贬免祸的极限了。

"从此埋首青史，了此一生，也算是快事了。"张衡叹息道。

依然不许。

"此身非我有啊。"张衡感叹道，他知道自己只能随波浮沉了，他不再辩驳，只是每日著书作赋，钻研《周礼》与《周易》。不久，一部《周官训诂》流传于太学，一篇《思玄赋》传诵于东都。

"何孤行之茕茕兮，子不群而介立。感鸾鹭之特栖兮，悲淑人之稀合。"张衡在《思玄赋》中感叹道。正所谓"人生寄一世，奄忽若飙尘"，张衡感到这本来就短暂的人间之旅，有些乏味了。

《请禁绝图谶疏》并没有激起什么浪花。顺帝没有赞许他，也没有责备他，这篇言辞激进的奏疏仿佛石沉大海，了无踪迹。但或许正是这件事让宦官们认识到，张衡并不是一件便于掌握的兵器了，他在钝化，也在反抗。永和元年（136），张衡被毫无理由地贬出京师，担任河间国相。

河间王刘政是诸侯王中的麻烦角色，他为人倨傲，骄奢豪横，河间国内也是豪族纵横，肆意妄为。"我若能整顿了河间，自然是好事；河间王若能'整顿'了我，恐怕朝中诸臣也觉得是好事吧。"车马北上，张衡心中暗道。

一路北行，寒风渐盛，已近六旬的张衡须发尽白，他身体早已不如往日，思绪也迟缓了不少。他望向沿途的广阔平原，农田相接，炊烟袅袅，秋风之下，枯叶飞飘。"不知我的骸骨，还能不能回到家乡。"张衡心中滋味，却道不明白。

"大胆奸徒，即刻着人搜捕，万不可走脱了！我大汉自有刑律，洛阳城的贵胄王公亦需遵奉，边地鄙族，岂敢妄行不法！务必缉拿下狱，严加处置。"张衡怒喝道。

初至河间，身负一国重任，张衡仍希望可以推行仁政，敦化民风，然而河间国的乱象很快就给了他一个下马威。当年主簿南阳时，城中豪族子弟的骄逸便是一方祸患，但太守鲍德的仁德与兴建官学的美政还是让城中纨绔的风气大有改观。但河间的豪族是不同的，或许由于长期积累的习气，或许由于整个国家风气的变化，河间大族目无法纪的程度远愈当日南阳。

"张氏修筑坞堡，募集壮丁，私备兵甲，言行僭越，已近割据。"

"高氏强夺田产，鱼肉乡里，有农户郑氏抗其暴行，一家五口，死于非命。"

张衡听着手下奏报，心中愈是气恼，他知道，要整治这些大恶之辈，徐徐感化是行不通的，必须有雷霆手段，杀一儆百。然而张、高等族结交广泛，河间国中，处处皆有耳目，一旦操之过急，未免激发祸端。张衡沉下心来，召集自己从京师带来的扈从侍卫，秘密叮嘱了一番。

之后数月，张衡仿佛一个昏沉老翁，除了邀请当地名儒讨论学术以外，只是听取诸官陈报，无论听到如何消息，皆颔首微笑，不作可否。河间豪族初闻侍中张衡来任相国时，设计了众多应对之策，只盼蒙蔽乃至驱逐这不速之客，长保富贵。然而张衡的沉默无为令他们倍感意外。"大概他真的老迈了吧，只盼安度晚年了。""不过一介书生，有何本领？尔等本来就多虑了。""这样看，好好供奉着这老朽便是了。"

永和二年（137）三月，这年的第一声春雷落了下来，河间初降喜雨，而一场雷霆般的变革也在诸侯国内骤然发生。

在相国张衡的主持下，兵丁一夜间缉捕了张、高等族的族人爪牙数百人，格杀反抗者数十人，年已花甲的张衡端坐相府，灯火映照下，他的银色须发锐若钢铁，神色硬似岩石。奏报流水一般传来，堂下的官员盘算着自己的昔日作为，无不战栗。

河间王刘政听着左右汇报消息，脸色阴晴不定。他愤怒于张衡的大胆与独断，但却全然不敢发作。毕竟，在他的眼中，张衡是一位以一己之言让两任三公横遭贬谪的妖臣，哪怕在河间地界，他仍不愿冒犯于他。——张衡恐怕想不到，自己在朝中被群臣议论强行安上的罪名，却在河间帮了他大忙。

在这场震动天下的大搜捕之后，河间国上下风气一时肃然，百姓无不称颂张相的霹雳手段。然而张衡却并无丝毫得意之情，惩治恶人固然必要，他心底怀念的，还是那个能以学校教化改易风俗的美好家乡、美好时代。

转眼又是秋日，张衡离开帝京已满一年，他已逐渐习惯了北地的气候与声腔，但对京师和故乡思念却与日俱增。

此时朝堂上威望最高的大臣已是大将军梁商，他是梁皇后之父，却丝毫没有外戚的跋扈之气，反而为人谦逊，清通儒雅。他虽无驱逐权宦之能，却能荫庇贤良。张衡作书与他，希望可以回归洛阳。"我如今已是风烛残年，只盼可以让我的骸骨归葬故里。"张衡在信中悲戚地讲道。

鸿雁南飞，金风入夜。河间相府正在宴请耆老，然而堂下的弦歌，在张衡的耳中只是嘈杂之音，曼妙的舞蹈亦如骷髅幻戏。他回忆着前尘往事，昔日书写雄文时的巧思、探问天道时的苦心、铸造神器时的妙意，虽已在他心中枯冷了不少，但记忆摩挲着魂魄，依然让他感到了一丝久违的灵力。

夜色渐深，张衡在府上沉吟许久不能入眠，他命人重新掌亮灯火，提笔写下了一组诗：

> 我所思兮在太山，欲往从之梁父艰。侧身东望涕沾翰。美人赠我金错刀，何以报之英琼瑶。路远莫致倚逍遥，何为怀忧心烦劳。
>
> 我所思兮在桂林，欲往从之湘水深。侧身南望涕沾襟。美人赠我琴琅玕，何以报之双玉盘。路远莫致倚惆怅，何为怀忧心烦快。
>
> 我所思兮在汉阳，欲往从之陇阪长。侧身西望涕沾裳。美人赠我貂襜褕，何以报之明月珠。路远莫致倚踟蹰，何为怀忧心烦纡。
>
> 我所思兮在雁门，欲往从之雪雰雰。侧身北望涕沾巾。美人赠我锦绣段，何以报之青玉案。路远莫致倚增叹，何为怀忧心烦惋。

犹如当年的楚大夫，张衡只能假借笔下的美人一诉心中所思。他想写什么呢？他在悲伤些什么，在思念些什么，在渴求些什么呢？或许张衡自己也讲不清楚。他并没有为这组诗取名，若干年后，当人们整理张衡的作品时，为它定了一个题目：《四愁诗》。

　　永和四年（139），梁商授予了张衡尚书的职位，六十二岁的河间相重新回到洛阳。如今的张衡已是病体残躯，心中知道，这是此生最后的行程了。回京之后，他先去拜谢了大将军梁商，紧接着，便孤身奔赴南郊灵台。

　　正是缤纷春日，环绕灵台，芳草鲜美，百花争妍。张衡拾级而上，向值守的礼官还了礼。地动仪兀自矗立，铜色却黯淡了许多。张衡环绕仪器，缓步周旋，龙首眼含精锐，铜蟾口纳天风。张衡却发现，龙头所衔之珠尽数被取掉了。他忙问身旁礼官，那礼官却含糊不能明言。张衡心下烛然，这地动仪当年惹下多少祸事，朝中之臣又怎能让它再报一次灾厄呢？张衡心中凄苦，却不知为何遏制不住地笑出声来，那笑声蕴含百感，周遭鸟雀听在耳中，却似知其意，相和而鸣。

　　夜晚将至，太阳西沉，张衡久久不愿离开。他来到灵台旁的密室，门扉开启，伺者已经就位，浑天铜仪依旧运转不息，星辰缓缓而动，七耀周旋而行，水声窸窸，歌咏渐起，数年不变的诗章还在赞颂着天地君王。他们望见张衡——那制造铜仪、通晓群星的不世之才，无不面带欣喜，程式一般的诗章，今日却显得鲜活贴切起来。

张衡步出密室，抬头仰望，浩浩星空，皎皎明月，依旧静谧幽美，令人神往。六十余年人事沧桑，六十余年星空依旧，张衡矗立于晚风之中，竟怔住了。

永和四年（139）夏天，张衡逝世于洛阳。他的遗骨被安葬在南阳西鄂，他的故乡。

崔瑗听闻张衡仙去的消息，恸哭数日，悲戚不能自已。两人昔日交游的情境，在他眼前反复显现，他决心为张衡撰写一篇符合老友心意的碑文：

　　君天姿睿哲，敏而好学，如川之逝，不舍昼夜。是以道德漫流，文章云浮，数术穷天地，制作侔造化，瑰辞丽说，奇技伟艺，磊落焕炳，与神合契。然而体性温良，声气芬芳，仁爱笃密，与世无伤，可谓淑人君子者矣。

好一个"道德漫流，文章云浮，数术穷天地，制作侔造化"！沧桑变化，星移斗转，天下更换了多少主人，连河川都改变了模样。但当文人墨客来到南阳城外、来到洛阳灵台时，他们总能想起，一个名唤张衡张平子的奇才，是如何在星空、大地与人世间，追寻着不朽的真理。

张　衡
生平简表

● ◎ 汉章帝建初三年（公元78）
_____

张衡生于南阳郡。

● ◎ 汉和帝永元五年（公元93）
_____

离开家乡南阳，赴长安三辅之地游学。

● ◎ 汉和帝永元七年（公元95）
_____

游学京师洛阳，开始在太学中深造，诏举为孝廉，受公府征
辟，皆不就。

● ◎ 汉和帝永元十二年（公元100）

应南阳太守鲍德之请，出任南阳主簿。

● ◎ 汉安帝永初元年（公元107）

创作完成《二京赋》。

● ◎ 汉安帝永初二年（公元108）

鲍德拜大司农，张衡回乡读书。车骑将军邓骘屡次征召张
衡，皆拒绝不任。

● ◎ 汉安帝永初五年（公元111）

回归京师洛阳，官任郎中，作《太玄注》。

● ◎ 汉安帝永初七年（公元113）

设计制造"计里鼓车"等机械。

● ◎ 汉安帝元初元年（公元114）

升任尚书侍郎。

● ◎ 汉安帝元初二年（公元115）

升任太史令，绘制完成我国最早的地形图。

● ◎ 汉安帝元初四年（公元117）

设计制铸造漏水转浑天仪，并作《浑天仪注》阐释原理。

● ◎ 汉安帝元初五年（公元118）

写成天文学著作《灵宪》。

● ◎ 汉安帝元初六年（公元111）

写成数学著作《算罔论》，改进圆周率的计算方式。

● ◎ 汉安帝建光元年（公元111）

转任公车司马令，作《与特进书》。

● ◎ 汉顺帝永建元年（公元126）

复任太史令。

● ◎ 汉顺帝阳嘉元年（公元132）

设计铸造候风地动仪。

● ◎ 汉顺帝阳嘉二年（公元133）

升任侍中，上《请禁绝图谶疏》。

● ◎ 汉顺帝阳嘉三年（公元134）

地动仪成功探知陇西地震。

● ◎ 汉顺帝永和三年（公元138）

出任河间相，作《四愁诗》。

● ◎ 汉顺帝永和三年（公元138）

回归洛阳，征拜尚书。

病逝于洛阳，终年六十二岁，归葬家乡南阳西鄂。